日本史に学ぶ

リーダーが嫌になった時に読む本

The Ultimate Guide for Leaders Who Got Tired of Taking Leadership:

What You Can Learn from Japanese History

加来耕三

Kaku Kouzou

CROSSMEDIA PUBLISHING

はじめに

リーダーにも、さまざまな型《タイプ》がある

かつて歴史学を学んだ恩師・勝部眞長《かつべみたけ》（お茶の水女子大学名誉教授）に、リーダーシップの資質について、尋ねたことがあります。

勝部は経営者の集いのみならず、全国の警察や消防、自衛隊、青年海外協力隊などでも、リーダーシップの講義や講演を行う、この道の専門家《エキスパート》として知られた先達《せんだつ》でした。

師は、『Military Leadership』というアメリカの文献を例に、リーダーの資質について、「日々の行動を通して、部下から尊敬と信頼と、自発的服従および誠実な協力を得られるすぐれた人物のことだ」と定義されました。

なるほど、とうなずきつつ、これを聞いてわが身を省みた瞬間、筆者《わたし》は「あ、こりゃダメだ」と自らはラチ外だ、と思ったものです。「令和」の前の「平成」、さらにその一つ前の、「昭和」の五十年代のことでした。

ただ、言葉をついで勝部は、「人格にもさまざまな型《タイプ》があるからね」とも言及してくれました。

そのおりには、この言葉の重要性が解《わか》らなかったのですが、筆者自身がリーダーシップについて著述するようになり、経営者の集いや官庁、地方自治体で講演するようになって、ようやく師の言葉が持つ大きな意味が理解できるようになりました。

歴史学の命題の一つに、「歴史における個人の役割を考える」というのがあり、リーダーシップはこの観点からも極めて大切なテーマなのですが、リーダーに求められる条件には、その実、時代や国による差異がないのです。

例えば、日本の旧陸軍では、統御《リーダーシップ》＝「武人の徳操(不変の道徳心)」として、「才智」「公正」「忠君愛国の至誠」「慈愛」「宏量《こうりょう》」(度量が広いこと)、「率先躬行《きゅうこう》」(人の先に立って実践すること)、「威厳」「意志鞏固《きょうこ》」(しっかりして揺るがないこと)、「勇断」を挙げていました。

同様に、昨今のリーダーシップに関する本から、アトランダム(手当たり次第)に必須の単語を拾ってみると、「態度」「勇気」「決断力」「信頼性」「忍耐力」「熱意」「積極性」「誠実」「判断力」「公正」「知識」「忠誠心」「私心のないこと」などが挙がってきます。

これらを見比べますと、求められるリーダーシップに大差のないこと、時代によって異なるものではないことが、知れるかと思います。
度重なる震災やコロナ禍を経験しても、勇気と決断力、経験豊かなリーダーは重要で、その場にいたかどうかで局面は好転もし、奈落《ならく》の底に突き落とされることにもなりました。

危急存亡《ききゅうそんぼう》の瞬間に、その手綱《たづな》をとらなければならない有力な一個人の出現は、数年、あるいは数代にもわたる政局をしばしば一変させている。一人の天才と決断とは、さし迫った破局を数世紀後にくりのべたことしばしばであって、しかも彼なくしてはそれは当然起こるべき破局であった。その反対に意志薄弱で優柔不断な一個人が、不幸をみずから招きよせたり、早めたりしたことも珍しくない。しかもそれは彼なかりせば起こらなかったかも知れないし、少なくとも長引かせるようなことはなかったのである。

（勝部眞長著『統率の原理と心術』）

これは、現代の日本――コロナ禍の中での感慨を述べたものではありません。
第一次世界大戦時の、イギリスの政治家ロイド・ジョージが、その著書『世界大戦回顧録』の中で、ときの外務大臣エドワード・グレー卿を挙げて論じたものでした。

リーダーに求められる資質や能力は変わることがないのに、「昭和」と「令和」を比べても、リーダーシップに大きな雰囲気の違いが認められます。筆者はこれこそ、「人格の型《タイプ》」が変わったのではないか、と考えました。

「令和」はリーダーが嫌々リーダーになる時代

そもそも、「令和」の昨今、自らリーダーを志願し、人格高潔《こうけつ》で完璧なまでの統御を行える有能な人が、どれほどいるのでしょうか。

教育制度が大きく変わり、「昭和」と「平成」「令和」では家庭環境も全く変わってしまいました。「昭和」の戦前には、軍服に体を合わせるように、理想的リーダーシップを身につけるべく、懸命にこれを施して、定められた条件を体得するという英才教育がありました。

ですが、戦後の「昭和」はそれらをことごとく否定した中で、新しい型のリーダーを（とくに経済界に）誕生させました。

にもかかわらず、「平成」を濾過《ろか》して誕生した「令和」には、「昭和」の戦後に出現した型《タイプ》のリーダーに、匹敵する人物が登場してきません。

筆者は、リーダーがいなくなったのではなく、登場しているものの、多くの人々はその「人格」をいまだ「昭和」の残像を引きずっているがために、見えないでいる、あるいは認められないでいるのではないか、と疑ってきました。

もう、「率先垂範《すいはん》」型の、難しいチーム統率に自ら挑み、それを本懐とするような「人格の型《タイプ》」のリーダーが、日本にはいないのかもしれません。

いわば、好むと好まざるとにかかわらず、各々のリーダーの地位にあげられてしまった人々、本人は決してなりたくてリーダーになったのではない、と心の内ではグチをこぼしているような、嫌々リーダーを引き受けた人々こそが、実は「令和」のリーダー＝「人格の型」ではないか、と筆者は思うのです。

角度を変えて歴史の世界をふり返ってみますと、これまでとは違った、「令和」に活かせるリーダーシップの類型が、数多く秘宝されているように思われます。

例えば、鎌倉幕府の二代執権となった北条義時《ほうじょうよしとき》――彼は幕府創業者の源頼朝《みなもとのよりとも》の、今でいえばオーナー企業の秘書室長でした。社長の後方にあって裏方をやっていたのですが、頼朝が急死(五十三歳)。十三人の重役でなんとか幕府をまわそうとしたものの、十三人の中から権力を握ったのが、自分の父・時政《ときまさ》(今でいえば実力派執行役員)でした。

ところが、彼が暴走を始め、幕府の存続が危うくなり、周囲から推された義時は、執権の座につくことになります。

彼は決して、自ら望んでリーダーになりたい、などと志した人ではありませんでした。なにしろ嫡兄宗時《むねとき》が戦死したあと、「江間《えま》」姓で分家させられ、北条家から出されているほどです。

どちらかといえば影の薄い、実務畑の人で、カリスマ性など皆無といってよかったと思います。その証左に、若い頃の逸話が何一つ、語られていないのですから。

嫌々、幕府のリーダーシップを執らされた義時ですが、朝廷を率いる後鳥羽上皇《ごとばじょうこう》（第八十二代天皇）の討幕挙兵――承久《じょうきゅう》の乱では朝廷に弓を引いて勝利するという、奇跡のようなリーダーシップを発揮しました。

そういえば義時は、鴨長明《かものちょうめい》と同時代を生きた人でもあり、昨今のコロナ禍と比較し得る日本史上屈指の養和《ようわ》の飢饉＝長明の『方丈記《ほうじょうき》』で描かれた阿鼻叫喚《あびきょうかん》を、二十代で経験していました。時代も、酷似している気がします。

本書はリーダーになった人が、嫌になった時に読んでいただくことをテーマに、すでにリーダーの地位についておられる方の中で、わが身を省みて、柄ではない、と日々、悩んでおられる方、あるいは、これからリーダーのイスに、無理やり座らされようとされている方には、ぜひ、ご一読いただければと考えました。

かならずや、歴史の叡智＝意外な人物の真相が、読者の参考となるに違いありません。

本書は読者の理解を高めていただくべく、友人の作家・佐野裕《ゆたか》氏の質問に、歴史上の人物と事件を筆者が答える口述筆記の形をとりました。

一応の区分、目安を各章立てで設けてみましたが、目次を参照いただいて、読者《あなた》の気持ちが動いた章から、読み始めていただければと思います。

最後になりましたが、既刊の『日本史に学ぶ一流の気くばり』『心をつかむ文章は日本史に学べ』『日本史に学ぶ成功者たちの勉強法』につづいて、四冊目の執筆の機会を与えてくださいました、クロスメディア・パブリッシングの坂口雄一朗氏、読者の理解を助けるべく、種々のアドバイスをもらった歴史研究家の井手窪剛氏(『歴史研究』編集長)、岡本あゆ美さんに、この場を借りて感謝申し上げる次第です。

令和三年　神無月の吉日　東京・練馬の羽沢にて

加来耕三

日本史に学ぶ
リーダーが
嫌になった時に
読む本

目次
CONTENTS

はじめに——2

第一章 リーダーが嫌になった時の考え方

嫌になった時の考え方一
迷ったら逃げよう
リーダー：木戸孝允、織田信長——18

嫌になった時の考え方二
まずは悪い流れを止める
リーダー：五代友厚——26

嫌になった時の考え方三
もっと上司を頼るべし
リーダー：九鬼嘉隆——32

嫌になった時の考え方四
得意なことだけやればいい
リーダー：上杉謙信——38

嫌になった時の考え方五
負けても卑屈にならない
リーダー：立花宗茂——42

嫌になった時の考え方六
顔に出さない方がいい
リーダー：源頼朝——50

56 日本史コラム 失敗したリーダー一
逃げずに死んだリーダーたち
リーダー：久坂玄瑞、楠木正成

第二章 トラブルがつづいた時の対処法

62 トラブル対処法一
力を抜くべし
リーダー：竹中半兵衛

66 トラブル対処法二
慌てない
リーダー：東郷平八郎

72 トラブル対処法三
柔らかく考える
リーダー：渋沢栄一

78 トラブル対処法四
簡単にあきらめない
リーダー：武田信玄、織田信長

82 トラブル対処法五 奥の手（ハッタリ）をかます リーダー：源頼朝
88 トラブル対処法六 私利私欲を捨てる リーダー：坂本龍馬
92 トラブル対処法七 厳しい現実を正直に伝える リーダー：柴田勝家
96 トラブル対処法八 反省するところは反省する リーダー：徳川家康、伊達政宗
104 トラブル対処法九 念入りにシミュレーションする リーダー：島津斉彬
108 トラブル対処法十 先人に学ぶ リーダー：北条義時
114 日本史コラム 失敗したリーダー二 独断専行して失敗した リーダー：日高壮之丞

第三章　コミュニケーションの取り方を変えてみる

コミュニケーションの取り方一
余計なことをいわない　リーダー：東郷平八郎　120

コミュニケーションの取り方二
バカに見せる　リーダー：毛利敬親、大山巖　124

コミュニケーションの取り方三
部下のわがままを受け入れる　リーダー：孟嘗君　130

コミュニケーションの取り方四
場を和ませる　リーダー：西郷隆盛　136

コミュニケーションの取り方五
しゃべらない　リーダー：織田信長、上杉謙信　140

コミュニケーションの取り方六
部下を頼る　リーダー：源頼朝　144

日本史コラム　失敗したリーダー三
先代と張り合って失敗した　リーダー：武田勝頼　147

第四章 部下のマネジメントに悩んだ時は……

部下のマネジメント 一
弱さを隠さない
リーダー：足利尊氏 152

部下のマネジメント 二
信じて、任せる
リーダー：西郷従道、伊庭貞剛 158

部下のマネジメント 三
部下に感謝する
リーダー：豊臣秀吉 166

日本史コラム
失敗したリーダー 四
ルールは非常時に役立たない
リーダー：新撰組 189

部下のマネジメント 四
明るい未来を示す
リーダー：織田信長、豊臣秀吉 170

部下のマネジメント 五
部下を引き上げる
リーダー：山縣有朋 176

部下のマネジメント 六
最前線で戦う
リーダー：蒲生氏郷 182

第五章　責任の取り方、引き際の決め方

責任の取り方一
自分の功を捨てる
リーダー：勝海舟、山田方谷、島村速雄
194

責任の取り方二
辞めることを前提にする
リーダー：徳川家康、伊庭貞剛
202

責任の取り方三
次につなげる
リーダー：徳川秀忠、徳川慶喜
208

責任の取り方四
現実を直視する
リーダー：小林虎三郎
216

日本史コラム
失敗したリーダー五
「大義名分」は諸刃の剣
リーダー：河井継之助
221

第六章　自分との向き合い方

228 自分との向き合い方❶ 悩んだら座禅を組む リーダー：上杉謙信、山岡鉄舟
234 自分との向き合い方❷ もっと自分を信じる リーダー：北条政子
238 自分との向き合い方❸ もっと小心であれ リーダー：立花宗茂、上杉鷹山
244 自分との向き合い方❹ 劣等感に向き合う リーダー：徳川吉宗、高杉晋作
250 日本史コラム 失敗したリーダー六 落としどころを事前に決めなかった リーダー：阿部正弘

第一章

CHAPTER01

リーダーが嫌になった時の考え方

「やってはいけない」と思っていることほど
やった方がいい

嫌になった時の考え方 ❶

迷ったら逃げよう

リーダー：木戸孝允、織田信長

リーダーたるもの逃げてはいけない、正面からぶつかるべきだ、と思い込んでいる人は今なお多いかもしれません。

昔から日本人には、「逃げるのは卑怯者のすることだ」という意識があります。

確かに、考えもなしに、ただ逃げるだけでは、事態は一層悪くなるだけですから、褒《ほ》められた振る舞いとはいえないでしょう。

しかし、日本の歴史上、逃げずに立ち向かったばかりに、大きな痛手を被った先例、再戦を挑むことなく玉砕してしまった悪例は、それこそいくらでもあります。

戦争にしろ合戦にしろ、リーダーの「逃げない」という判断が誤りだったことは少なくないのです。

数年前のテレビドラマに「逃げるは恥だが役に立つ」というタイトルの作品がありましたが、筆者はいい得て妙だ、とつくづく感心しました。

恥ずかしいと思うかもしれませんが、逃げることを戦略の一つとして、リーダーはつねに考えておくべきです。

「三十六計逃げるにしかず」（困った時、逃げるべき時には、逃げて身の安全をはかるのが、最上の策である）という中国古典兵法もあります。

リーダーだって逃げてもいいんだ、と思えば気もラクになるのではないでしょうか。

木戸は逃げながら次の一手を考えた

日本の歴史上、一番の逃げ上手は、「逃げの小《こ》五郎《ごろう》」と異名をとった、木《き》戸《ど》孝允《たかよし》＝前名・桂《かつら》小五郎かもしれません。彼は幕末長州藩の、リーダーの一人でしたが、新撰組に捕まりそうになった時、厠《かわや》から肥だめの中を逃げた、という話もあるほど、逃げるイメージの強い人物です（これは小説の創り話ですが）。

実際、彼は肝心な歴史の場面には、いつも不在でした。

幕末の「池田屋事件」「禁門の変」「第一次長州征伐」と、長州藩が絡んだ大事件の現場に、木戸の姿はありませんでした。池田屋の際は、早めに様子を見に来たものの、不穏な空気を感じた彼は、そっと席を離れ、身を避けています。

そんな人物がなぜ、薩摩藩の西郷隆盛、大久保利通と並び、〝明治維新の三傑〟として名を残すことができたのでしょうか。


それは、逃げることが木戸のリーダーシップに直結していたからなのです。彼は逃げながら、次の一手を考えていました。

できることならば、味方を説得して過激な行動を思いとどまらせたい、と木戸も考えました。しかし、感情論で爆発している高杉晋作《しんさく》や久坂玄瑞《くさかげんずい》は聞く耳を持ちません。議論してもムダ。ならば、と木戸はサッと己《おの》れだけ逃げました。

例えば禁門の変の後、京都は薩摩藩兵と会津藩兵によって封鎖されてしまいます。

さすがの木戸も京都の外へは逃げられず、しばらくは二条大橋の橋の下に隠れていました。物乞いに身を窶《やつ》し、愛人の芸者・幾松《いくまつ》が握り飯を、深夜こっそりと差し入れていた、と逸話が残っています。

そして封鎖が解けると、木戸は京都を抜けて、長州とまったく縁も所縁《ゆかり》もない丹波出石《たんばいずし》(現・兵庫県豊岡市)まで逃げました。商家に潜り込み、前掛けをつけて接客までしていたそうです。あまりに堂に入っていて、後日、迎えに行った伊藤春輔《しゅんすけ》(のち博文)がその姿を見て驚いた、と証言しています。

幕末の長州藩は、尊王攘夷の過激派が主導権を握っていました。彼らが「天子様を萩(長州)にお迎えして、幕府に目にもの見せてやる」といきり立っている時に、「そんな計画は無謀だ。やめよう」と木戸がいくらいっても、効果はありませんでした。

下手をすれば「あいつは腰抜けだ」と非難されて、斬られるのがオチです。現に、考え方の対立で暗殺された人物は多数いました。

とはいえ、仲間と行動を共にしていたら死ぬ可能性も高まります。だとすれば、距離を置くのが一番。機が熟すのを待つしか、木戸には手がなかったのです。

木戸は仲間と距離を置くことで、状況を客観的に見ることができました。

長州藩の力だけでは倒幕(のち討幕)は無理であり、幕府と戦うには他の雄藩(例えば、当時険悪の仲だった薩摩)と手を組むしかない、と考えていたようです。

しかし、周囲にはそれを理解してくれる同志がいませんでした。時が来るまで自重する忍耐――これは華々しく玉砕するより、はるかに困難なものでした。

木戸がまがりなりにも、この孤独感に耐えられたのは、自分以外にこの役を代われる人間がいないことを、彼は自尊心の中で、しっかりと捉えていたからでした。

のちに、長州藩士たちは、「あの時、木戸さんが死んでいたら、薩長同盟はできていなかった」と振り返っています。次々にリーダーが倒れていった長州藩にあって、木戸は他のリーダーたちとは一線を画し、逃げつづけることで自らは生き残り、結果的に長州藩のみならず多くの人命を守り、明治維新を成し遂げることに成功しました。

よくあるのが、潔くあろうとして逃げずに立ち向かい、傷口を広げてしまうパターンです。一見、立派なリーダーですが、部下にしたらいい迷惑、堪《たま》ったものではありません。なぜならば、自らもそれにつづかなければならないのですから。

信長は逃げた後にリベンジした

ちなみに戦国の覇王・織田信長も、逃げに逃げて、逃げ切っています。

彼には火のように攻めるイメージしかない、という方がいるかもしれませんが、状況次第ではためらいなく、逃げるという判断も的確にしています。

例えば、元亀《げんき》元年（一五七〇）四月に、信長は越前の金ヶ崎（現・福井県敦賀《つるが》市）で、浅《あざ》井《い》・朝倉の連合軍に挟み撃ちにされたことがありました。後世、「金ヶ崎の退《の》き口」といわれる戦いです。

越前（現・福井県中北部）の朝倉義景《よしかげ》を奇襲したら、義弟で北近江（現・滋賀県北部）を治める浅井長政に、裏切られてしまいました。敦賀平野は三方を山に囲まれ、一方は日本海に落ちる。前方から敵を迎えるだけでも本来は難しいものを、後ろから浅井軍が迫り、まさに挟み撃ちにされては、何処にも逃げ場はありません。信長は袋のネズミで、〝絶体絶命〟――。

ほとんどの人間は、そこまで追い詰められたならば、武士らしく潔く討ち死にしようと思うもの。日本人はとりわけ、メンツにとらわれます。失敗したら華々しく散って、あの人は潔かった、と周囲に印象づけられればそれでいい、と考えるわけです。

恥をかきたくない。笑われたくない。格好をつけたい……。

戦国時代、人に笑われることは、何よりも武士にとって避けるべき行為でした。屈辱といってよかったでしょう。

でも、信長は違います。さっさと、逃げ出しました。しかも、家臣や友軍を全部置いてきぼりにしたまま、親衛隊のみを従えて、駆け出したのです。

挟み撃ちされたのが自分の領地であれば、逃げたら浅井・朝倉の連合軍に、次々と領地を侵略されることになります。

しかし、戦場の越前は敵国です。信長が逃げ切れれば、連合軍はそれ以上、領地を広げることはできません。要は再戦して、勝てばいいのです。

逃げながら信長は、次の手を考えていたはずです。実際、二カ月後の六月には、姉川の戦いで浅井・朝倉の連合軍にリベンジを果たしました。

信長のように逃げることをしなかったから、中国の秦《しん》末期の武将・項羽《こうう》は天下を取ることができませんでした。

「四面楚歌《しめんそか》」という言葉があります。四面を敵に囲まれているのに、その敵陣から項羽の故郷である楚《そ》の歌が聞こえてくる。それほど多くの味方が敵に回ってしまったのか、と項羽は意気消沈してしまいます。

その後、彼は河を越えれば楚に戻れるという所まで逃げ切れたのに、わが身を翻《ひるがえ》して、わざわざ敵陣に突撃して討ち死にを選びました。

多くの同胞を死なせてしまった以上、どのツラ下げておめおめ故郷に戻れようか、と項羽は考え直したのでした。

筆者にいわせれば、彼は戦いを「点」でしかとらえていませんでした。「線」でとらえて、まだ先があると考え、「点」と「点」を結んで敗者復活戦に望みをつなぐべきでした。


読者の皆さんの中には、現場でリーダーを務めている人もいると思いますが、負け戦とわかっていながらメンツや責任感で、その戦いをつづけていないでしょうか。

あの信長ですら、恥も外聞もなく逃げる時は逃げたのですから、分《ぶ》が悪い時はいったん引いて、次の手を考えてみてはいかがでしょうか。

嫌になった時の考え方 二

まずは悪い流れを止める

リーダー：五代友厚

逃げるのも戦略の一つだというと、それは詭弁《きべん》であり、リーダーにふさわしくない、という人もいます。逃げることに、抵抗がある人も実際、日本人の中には多いようです。

では、逃げるのではなく、「止める」と考えてみてはどうでしょうか。悪い流れを止めるのです。

武道の世界には、「押さば引け、引かば押せ」という言葉があります。わりあい柔道などで使われています。

相手が押してきたら引く、引いたなら押す。相手の力を利用して倒すというわけです。

筆者はこの極意を、「押さば〝止めて〟引け、引かば〝止めて〟押せ」と解釈しています。

まずは、相手の勢いを止めることが大切です。

止めないと、技を施す前にやられてしまいます。相手が凄まじい勢いで押してきているのに、何も考えず引けば、そのまま押し倒され、一気に負けるリスクが生じるからです。

ですので、まずは相手の動きを止めなければなりません。流れを変えるのです。

五代は捕虜になって悪い流れを止めた

この極意を実践したのが、五代友厚《ごだいともあつ》です。彼は「東の渋沢、西の五代」といわれ、〝日本近代資本主義の父〟と敬われた渋沢栄一《しぶさわえいいち》と、並び称された実業家です。

明治時代の大阪経済界の重鎮であり、元は薩摩藩士でした。もし五代にもう少し寿命があれば、彼は業績で渋沢を超えたかもしれません。

五代もまた、逃げることで不利な局面を打開した人物でした。

文久三年(一八六三)に起きた薩英戦争でのことです。薩摩藩とイギリスとの因縁は、前年に薩摩藩士がイギリス商人三人を、大名行列を横切った無礼で、殺傷した生麦事件からつづいていましたが、ついに錦江湾《きんこうわん》(鹿児島湾)にイギリス軍艦を乗り入れられ、戦争となってしまいました。

しかし、当時の薩摩藩の科学力、軍事力では到底、イギリスの最新鋭の蒸気軍艦に太刀《たち》打《う》ちできません。その戦力差を、五代は理解していました。

彼は、藩内で戦争回避を説いて廻《まわ》ります。しかし、当時の薩摩藩はゴリゴリの攘夷《じょうい》思想に固まっていました。「夷狄《いてき》を見たら、すべて打ち払え」の精神ですから、誰も五代の忠告に耳を貸しません。このまま参戦すれば薩摩藩は敗れ、その先には藩の滅亡があるかもしれない——。

藩の戦艦の艦長だった五代は、あえて恥を忍んでイギリスに降伏し、捕虜になりました。悪い流れを止めるのが、狙いでした。そして彼は、今後の薩摩藩とイギリスの窓口になりたい、とイギリス側に申し出ました。五代はこれからの、幕末の展開を見据えていたのです。

やがて薩英戦争は、引き分けの形で終わりました。偶然が重なった、奇跡といっていいでしょう。

リーダーとして体を張って、悪い流れを止めようとした五代ですが、薩摩藩からすれば彼は裏切り者、獅子身中《しししんちゅう》の虫です。当然、生かしてはおけません。

藩士たちが五代の生命《いのち》を狙って、日本中を追いかけ回しました。さしもの五代もノイローゼになり、人間不信に陥ります。

無論、切腹を考えない日はありませんでした。否、発見されれば十中八、九、斬り殺されたでしょう。そこで、亡命をつづける彼に、薩摩藩家老の小松帯刀《たてわき》が助け舟を出します。

「日本にいれば、いつ殺されるかわからぬ。上海《シャンハイ》に逃げろ」と五代に提案したのです。

けれども五代は、「上海に行ってしまえば、刻一刻と動く日本の情勢に疎《うと》くなる。次の手が打てません」――そういって、断りました。

上海に逃げれば、わが身は安全です。でも、五代が降伏してイギリス側に捕まったのは、生命惜しさではなく、一旦降伏して捲土重来《けんどちょうらい》を期す、未来の薩摩藩のためでした。上海に逃げてしまえば、その大義名分を失ってしまいます。

結局、五代は日本人ではなく、長崎に来ていた武器商人グラバーの、屋敷の隠し部屋に匿《かくま》われました。

生命をかける場所を間違えてはいけない

しばらくすると、薩摩藩の空気が変わってきました。イギリスと戦っても勝てないことを、彼らも徐々に理解し始めたのです。

そのタイミングで五代は、薩摩藩上層部に手紙を書きます。

もちろん、「だから、いったではないですか」「ほら、私のいった通りになったでしょう」などと、勝ち誇ったりはしません。最初は丁寧に、自らを詫びています。

「勝手に降伏して申し訳ありませんでした。今まで逃亡したことも、お詫びいたします」

そして、逃げている間に考えた次の具体策を提案しました。

「薩摩の未来のために、藩士をイギリスに留学させ、彼《か》の地の技術や文化を学ばせてください。私は最新の軍艦・武器弾薬を購入に参ります。今度は生命がけで藩命を果たします」

藩は五代を許し、彼の提案を受け入れました。ここで重要なのは、五代には薩英戦争以前において、藩の将来を期待された若手としての評価があったことです。

五代は薩摩の選抜留学生十四名らとともに、計十九名でロンドンに渡ったのでした。

明治になって、五代は大阪(江戸時代は大坂)の経済復興に力を注ぎます。

幕末から明治維新までの間、大阪の商人たちは幕府から御用金を強要され、諸大名に貸した大金は戻ってこずで、その大半が倒産してしまっていました。

なにより、〝天下の台所〟といわれた全国のお米が集積され、相場の立っていた経済都市としての機能が、〝ご一新〟で失われてしまいました。江戸は「東京」と改称され、首都となって再生しましたが、このままでは大阪は衰亡してしまいます。

そこで新しい形での、経済復興に力を発揮したのが、五代でした。

彼はイギリスから帰国後、維新を経て、現地で学んできた近代資本主義を導入して大阪を再生、〝煙の都〟として、工業都市として、これまでより以上に発展させたのです。

五代自身は大阪商法会議所（現・大阪商工会議所）を設立して、初代会頭となりました。

そして大阪株式取引所（現・大阪取引所）、堺紡績所（ユニチカの前身の一つ）、大阪青銅会社（のちの住友金属工業、現在は日本製鉄と合併）、神戸桟橋会社（のちに川崎汽船と合併）など、数々の事業を手掛けています。

薩英戦争ののち、五代が病いで生命を落としていれば、のちに彼が「大阪をよみがえらせた男」と呼ばれることもなかったでしょう。

生命をかける場所を間違えてはいけない、ということ、耐え忍ぶことの重大さを、五代は私たちに教えてくれたのではないでしょうか。

嫌になった時の考え方 三

もっと上司を頼るべし

リーダー：九鬼嘉隆

リーダーになると、周りに相談できない人が多いようです。リーダーたる者、人を頼るなんて情けない。自分で考えて、自分で決断しなければいけない、と考えるわけです。

その結果、プレッシャーに押しつぶされ、心身に不調をきたしてしまう。そんな人が「令和」では、確実に増えています。

しかし、そんな線の細いことでは、リーダーは務まりませんし、他人はついて来てくれないでしょう。リーダーになったからといって、すべて自分で解決する必要は、そもそもありません。あなたの周りにいる、頼れる人に教えを受けてもかまわないのです。

なかでも筆者は、どんどん上司を頼るべきだと思っています。組織のトップでない限り、必ずあなたの上には上司がいるはずです。主任・係長の上には課長が、課長の上には部長がいるでしょう。あなたをリーダーに選んだ人も——。

「上司の力を借りるなんて、リーダー失格ではないか」

などと、考えてはいけません。もっと上司を使えばいいのです。実際、日本史にも上司使いの上手いリーダーがいて、見事に歴史に名を残す功績をあげています。

例えば織田信長の「海将」として名を残した九鬼嘉隆《くきよしたか》は、上司の力を使って、自らに向けられた無理難題を、見事に解決したリーダーでした。

信長に毛利水軍を破るヒントをもらった

九鬼家はもともと、伊勢（現・三重県の大半）の海賊でした。規模はそれほど大きくなく、その証拠に伊勢国内の争乱の中で敗れ、信長に拾われた嘉隆は、織田軍の水軍の部将となることで、九鬼家の再興を許されました。

海上における機動力やスピードを活かし、敵の補給線を断ち、味方に物資を運び、敵の拠点への上陸戦をサポートするなど、嘉隆は大いに信長を助けて活躍します。

ところが、そんな嘉隆の九鬼水軍の前に、強敵が現れました。

毛利家の水軍です。瀬戸内海の荒波の中、実戦で鍛えあげられた〝日本最強〟といってもいい水軍が、織田家の敵となったのです。瀬戸内海の早潮に比べれば、伊勢の内海で育った九鬼水軍では、そもそも歴史と伝統を磨き上げてきた機動力、海上戦闘術、何をとっても毛利水軍に太刀打ちできませんでした。

にもかかわらず信長は嘉隆に、「毛利水軍に勝つ方法を考えろ」と命じます。けれども、いかに工夫して戦っても、毛利水軍には歯が立ちません。船の数を増やしたり、鉄砲を大量に投入したりしましたが、すべて完敗。必死に考えても、嘉隆には答えが見つかりませんでした。

彼にすれば、不可能な課題を押しつけられたようなものです。しかし、毛利水軍に勝たなければ、嘉隆は織田家の水軍のリーダーをクビになってしまいます。

悩んだ末に彼は、主君信長に「お知恵をお貸しください」と泣きつきました。

普通であれば、そんな情けないことをいう部下を、上司は許さないでしょう。

「この役立たずが！」と一喝されて、嘉隆の首を他者にすげ替えたかもしれません。

しかし嘉隆は故郷を追われ、諸国を流浪した経験を持っていました。その分、彼は他人《ひと》を見る目を養ってきました。

織田家に中途入社してからも、嘉隆は上司の信長を徹底して観察していました。

この人は、ものを教えるのが嫌いではない。むしろ、聞きに来なくて負けることを、激しく憎む人だ――。

そうみた嘉隆は、信長にアドバイスを求めたのです。

さて、怒鳴り声をあげるかと思われた信長は、

「敵と同じ土俵で戦うから勝てないのだ」

とあっさりと、助言しました。いわれた嘉隆は、すぐには意味がわからなかったようです。信長に問い返しました。すると信長はいいます。

「毛利水軍と水上戦を戦っても、勝てるわけがない。機動力一つとっても、相手が数段上なのだから、いまさら訓練しても無理だ。翻弄されてしまうのが、関の山であろう。であるならば、相手の機動力を潰せばいいだろうが」

海戦の勝敗は機動力で決まります。いかに素早く、敵の船を攻撃するかが重要であるため、毛利も九鬼も船の機動力を増す工夫を積み重ねてきたといえるでしょう。

しかし、その当たり前のやり方では、いつまでたっても毛利水軍には勝てない、と信長は見抜いていました。相手の機動力を上回る方法がないなら、機動力そのものを封じる方

法を考えればよい、そうすれば勝ち筋が見えてくる、と考えたのでした。

九鬼水軍は奥の手で見事勝利！

さすがは、信長です。

発想を転換せよ、と毛利攻略のアイデアを嘉隆に教えました。あとは、嘉隆本人がリーダーとして考えなくてはなりません。毛利水軍の機動力を封じる戦法とはいったい……!?

嘉隆が考えついたのが、大きな「鉄の船」でした。これまでは九鬼の水軍が懸命に攻めても、数に勝る毛利の軍船は、それでいて動きが実に巧みで、スピード感のある航行に加えて、的確な火矢を射かけて来て、九鬼の軍船は瞬く間に燃やされてしまいました。

機動力を封じるためには、毛利水軍を大量の船で取り囲まなければなりませんが、毛利水軍はそれを許さず、火矢や火炎瓶を投げつけ、包囲網をあっさり突破してしまいます。

ならば、燃えない船として、海中に要塞のような「鉄の船」を造ればどうか——。

鉄の船は、鉄板に覆われていますから燃えません。

機動力はありませんが、戦闘海域――戦闘の要《かなめ》――にまで水上を運べば、動く必要はありません。火矢が通じないのですから、あとは壁のように立ちふさがり、毛利水軍の動きを止め、搭載した大砲や鉄砲を撃ちつづければ、敵はひとたまりもないはずです。嘉隆はこの戦法を信長に具申、許可を得て六隻の「鉄の船」を造り（別に部将の滝川一益《かずます》も一隻建造）、毛利軍の機動力を封じて、「第二次木津川《きづがわ》の戦い」において毛利水軍を打ち破りました。敵はほぼ、全滅に近い状態となりました。

現場のリーダーはどうしても、敵を直線的に見て、視野が狭くなりがちです。しかし、一段上から俯瞰《ふかん》して見ている上司がいるなら、自分の気づかない視点からのアドバイスを、もらえることもあるでしょう。

信長からすれば、聞きに来た嘉隆を大いに評価したはずです。成果が出ていないのに、自分に何も相談してこない現場のリーダーにこそ、彼は不信感を覚えるタイプでした。

いざとなれば相談すればいい、と思えば、無用なプレッシャーやストレスを感じることもないのではありませんか。心すべきことだ、と筆者は思います。

得意なことだけやればいい

リーダー：上杉謙信

一から十まで、自分でやらないと気が済まない、という性格の人がいます。

こういう人がリーダーになると、大変です。

部下からすれば、部分的なことは自分たちに任せてくれればいいのに、と思うことまでリーダーがやってしまうわけです。

こういうタイプのリーダーには、ぜひ、戦国のカリスマ・上杉謙信《けんしん》のリーダーとしてのあり方を参考にしてほしい、と思います。

「軍神」とまで崇められ、乱世の時代、きわめてカリスマ性の高かった謙信ですが、彼は戦国武将でたった一人、空前絶後のことをやってのけていました。

なんと、あっさりリーダー＝国主の座を放棄したことがあったのです。

謙信は政治はやらない、戦だけやる

弘治《こうじ》二年(一五五六)三月、上杉謙信は家臣や領民を捨てて、出奔《しゅっぽん》してしまいました。越後(現・新潟県)国内の、国人同士の領地争いなどチマチマした政治に対して、彼はほとほと嫌気が差したようです。

もともと、七歳から林泉寺《りんせんじ》で僧侶となるための修行していた彼は、「仏門に帰る」といい出しました。

こんなことを実行した戦国武将は、他にはいません。

慌てた長尾政景《ながおまさかげ》などの重臣や一族の者が必死に探し出して、高野山《こうやさん》に向かおうとする謙信を見つけ、懸命に説得して、再び上杉家の当主に戻ってもらいました。

考えてみれば謙信は、武将となるべき教育を受けていませんでした。もともと性格的にも、政治が好きではありません。

もっといえば、越後の国主などになりたくもなかったのです。その気持ちが正直に出ての、〝逃亡〟＝出奔となったわけです。

それでいて謙信は、合戦に関して抜群に強かったのは史実です。

彼は戦略や戦術を駆使するタイプではなく、すべてその場の閃きで、感覚的に、迅速に動くタイプでした。それで勝つのです。いわゆる、天才型といわれる所以《ゆえん》でした。

反対に彼のライバルである武田信玄は、何事につけても熟慮を重ね、事細かく戦術を定めるタイプでした。

戦場で一糸乱れぬ動きができるように、と「風林火山」の旗印を自ら運び、それぞれの隊がどう攻めるかの役割を具体的に決めて、何度もシミュレーションをくり返し、動きを事前に訓練していたのです。


謙信のやり方は、根本的に違いました。

ルールもなければ、事前の取り決めもありません。

合戦前になると、謙信は颯爽《さっそう》と馬を駆けて、整列している味方の軍勢の中に入っていきます。それによって陣形を分け、整えるのです。謙信はそのまま、一気に敵陣に突っ込みます。

敵からすると、最初に対陣していた形から、時と場所によって、どんどん陣形が変わり、攻撃の予想が立ちにくくなり、大混乱を引き起こしてしまいます。

このような戦法をとれたから、謙信率いる上杉軍は強かったともいえます。

しかし、こんな戦い方を信玄も信長や秀吉、家康はしません。否《いえ》、できない、といった方が正しいでしょう。

謙信だからこそ、やれたのです。彼は政治は苦手だけれども、合戦は得意でした。

ですから上杉家では、政治は重臣たちが合議し、謙信には得意な合戦だけを受け持ってもらい、十分な実績を上げてもらうことができたのです。

これもまた、リーダーとしての、一つのあり方を考えるヒントになるのではないでしょうか。

リーダーの型《タイプ》に、これでなければならない、などというものは、そもそも存在しません。

負けても卑屈にならない

リーダー：立花宗茂

負けて、生き恥をさらすな――。

日本には、こんな価値観が強要された時代がありました。今でもこうした「昭和」を引きずっている人がいるかもしれません。

フィクションの物語の世界では、悲壮な覚悟のもとに、勇ましく散ろうとする主人公が好まれることもあるでしょう。でも、現実世界にこの考えを持ち込むのはいかがなものでしょうか。人間、「死んで花実が咲くものか」です。

生命を懸けるような戦いに負ければ、悔しさ、恥ずかしさは大きいでしょう。とくにリーダーが部下や同僚に顔向けできない、と思う気持ちはわかります。

しかし、ここで大事なことは、リーダーとして自分が成すべきことを成したならば、負けても堂々としていることです。卑屈になる必要はないのです。堂々としていれば、再起のチャンス、再戦の機会が与えられることにもつながります。人生は長いのですから。

関ヶ原で味方が完敗し、宗茂は九州へ帰る

――戦国武将・立花宗茂《むねしげ》の例で説明しましょう。

宗茂は、生涯無敗といわれた人物です。十五歳の初陣以来、自ら指揮した戦いで敗北を喫したことがないのです。

彼は元々、九州の大名・大友宗麟《そうりん》の家臣として名を馳せていました。

九州九カ国のうち、六カ国を支配した名門大友氏も、トップの宗麟の政治・合戦の失敗により、その晩年は多くの人々が離反していきました。

そうした中で宗茂は、実父・高橋紹運《じょううん》、養父・戸次《べっき》(立花)道雪《どうせつ》と共に、筑前(現・福岡県北西部)・筑後(現・福岡県南西部)の防衛にあたりつづけます。

その忠誠心、軍才に感動した秀吉が、たって、と宗麟に所望して、豊臣家の直臣《じきしん》に迎えたのが宗茂であり、秀吉の九州征伐ののち、筑後柳河《やながわ》(現・福岡県柳川市)十三万石の大名に取り立てられました。

時は経ち、秀吉の命で出陣した外戦・朝鮮出兵では、十五万の明・朝鮮連合軍を、わずか三千で破るという、奇跡の大勝をあげ、天下に注目されました。

つづく関ヶ原の戦いでは、東軍の徳川家康の陣営から、五十万石の大名にしますので、ぜひ、味方になってほしい、と打診されました。にもかかわらず、豊臣家への恩顧から石田三成《みつなり》率いる西軍に参戦しました。

宗茂は負けません。彼は関ヶ原における本戦に参加する前の、前哨戦ともいうべき大津城攻撃を担当し、見事、開城させています。

一説に、宗茂の強さを恐れた家康が、その留守をついて、関ヶ原の決戦を断行した、ともいわれるように、宗茂不在の関ヶ原は、西軍の敗北で幕を閉じました。

宗茂は結果として、負け組となったのです。

それでも、彼は動じずに悠々としています。なにしろ総大将である豊臣秀頼《ひでより》は無傷なうえ、天下の名城・大坂城が残っています。宗茂からすれば、本当の勝負はこれからだ、と考えていました。

その彼が大坂城に向かう途中、京都の瀬田《せた》(現・滋賀県大津市)の大橋を通ります。するると西軍の部将が大坂城からの指示で、橋を焼き落とそうと準備しているではありませんか。東軍が攻め込めなくするためだ、といいます。それを聞いた宗茂は止めました。

「歴史上、東からの行軍に橋を落として勝ったことはない」

それよりも、これからわれらが関東へ攻め込むのに、大橋がなければ困るではないか、と。

しかし、西軍の総大将である毛利輝元《てるもと》は、戦意を失っていました。家康から「あなたの罪は問わない」といわれると、すぐさま軍勢を率いて、大坂城から出て国に帰ってしまったような人です。すでに西軍そのものが、解体されたも同然でした。

説得しても聞く耳を持たない輝元に、バカバカしくなった宗茂は、ならばと自らの領地のある九州の柳河に帰ります。家康が自分を許さないというなら、籠城して玉砕する覚悟はできていました。

家康の命を受けた東軍荷担の加藤清正《きよまさ》や黒田長政《ながまさ》が攻めて来れば、最高の籠城戦を貫徹するつもりでいたのです。

事実、西軍につきながら形勢不利と東軍に寝返った、鍋島直茂《なおしげ》―勝茂《かつしげ》父子が攻めてきましたが、返り討ちにしています。そうする中、宗茂が上方《かみがた》に残してきた家臣に、家康の意思を確認させると、「宗茂の生命は求めない」ということがわかりました。

それならば、と宗茂は、無駄に家臣を失う必要はない、と友人でもあった清正に城を明け渡したのでした。

前田家からの十万石のオファーを断る

宗茂はわずかな家臣たちと、京都、江戸で牢人生活を送ります。

家臣たちは農業をしたり、内職をしたりして、主君宗茂の生活を支えます。

きっと殿は、再び世に出てくれるに違いない、大名に返り咲いてくれるはずだ、と期待していたからです。

ある時、米櫃《こめびつ》の米が少なくなり、残った米を使って、家臣が雑炊を食卓に出したことがありました。

すると宗茂は、「こんなものが食えるか」と膳をひっくり返します。家臣たちは泣き出したのですが、これは怒っての、あるいは悔し泣きではなく、

「さすがは殿だ。いまだ、大名の志を捨てておられぬ」

と感動して、泣いたのでした。

一方で宗茂のもとには、全国の大名家から、ぜひにも召し抱えたい、とのオファーが殺到していました。なにしろ、不敗の武将です。

しかし宗茂は、それらをことごとく断っていたのです。とくに加賀(現・石川県南部)の

前田家が、「十万石で家老になっていただけないか」と誘ってきた時の、断り方は痛快でした。宗茂は「おまえの家のような、卑怯者に仕える気はない」と突っぱねたのです。

秀吉の死後、前田家こそが豊臣政権の大黒柱になるはずでしたが、当主の利家が亡くなった途端、後継者の利長《としなが》が家康になびくから、政権はぐらつき、結局、関ヶ原の戦いになったのだ、と宗茂は認識していたようです。

前田家からの使者は、コソコソと帰っていったといいます。

では、宗茂は自らの明日を、どのように考えていたのでしょうか。

実は彼は、必ず家康のもとで、自らは再起できる、と確信していました。

大坂城に豊臣家が残っている以上、いつまでも戦巧者の自分を、あの家康が野に置いておくはずがない、と考えていたのです。もし宗茂が大坂方についたら、徳川家は面倒なことになる、きっと避けるはずだ、と読んでいたのです。

無論、大坂城からも、誘いは来ました。けれどもかつて、その大坂城に宗茂を入城させなかったのは、そもそも豊臣家であったはず。

「すでに、太閤殿下への義理は果たしました。その結果、城も領地も失いました」

といって、宗茂は入城を断りました。

関ヶ原の戦いの後、私は最後まで戦おうとしたのに、すぐにあきらめたのはそちらではないか、といいたかったのでしょう。

豊臣方の誘いを断った事実を知った家康は、早速に動きます。

宗茂のもとに、二代将軍となった息子の秀忠《ひでただ》を通じ、「五千石の旗本《はたもと》にならないか」という誘いをかけます。これは徳川家の、採用試験でもありました。

なにしろ、十万石を袖にした宗茂です。石高の低さに幻滅して断るか、それとも、もう少し石高を……とすがりついてくるか。

宗茂はなんと、二つ返事で五千石を受けたのでした。

三千石以上の旗本は、兵を率いて一軍を編成することができます。

宗茂からすると、本音は旧柳河クラスの大名に戻りたかったわけですが、そのためには軍功をあげなければなりません。まずは、この不本意な申し出を受けました。

その後、宗茂は加増され、何とか一万石の大名となります。大坂の陣でも将軍秀忠の傍《かたわ》らでアドバイスをするなど、実戦経験を活かした活躍を見せました。

宗茂は〝外様《とざま》〟でありながら、〝譜代《ふだい》〟同様の扱いを受けるようになり、大坂夏の陣から五年後、彼はついに故郷柳河の大名に復帰することになります。関ヶ原の戦いで、負けた武将で唯一、彼だけが成し遂げた偉業、快挙でした。そこには、彼の人柄もあったようです。勝負に負けはつきものです。結果が出ないことも多々あるでしょう。大事なのは、その後かもしれません。

リーダーとして責任を感じるあまり、卑屈な態度に出るのは、部下から見てもツライもの。敵はもとより第三者も、実は注目しているのです。

さて、次はどう出るのか、と。

負けても堂々と振る舞うことが、次の道を切り開くことにつながることを、立花宗茂の生き方は身をもって教えてくれています。

蛇足ながら、筆者は「生き様《ざま》」という言葉を使いません。〝様〟は本来、軽蔑、罵倒の意を込めて使うもので、「なんという様だ」というように使用します。プラスには用いないものです。ご注意下さい。

顔に出さない方がいい

リーダー：源頼朝

令和四年(二〇二二)のNHK大河ドラマの主人公・北条義時の主君が源頼朝です。この源氏の棟梁は、けっして才覚、能力に恵まれたリーダーとはいえませんでした。

京都生まれの武家貴族だった頼朝は、父・義朝《よしとも》が平清盛と争って敗れたため、伊豆(現・静岡県伊豆半島と伊豆諸島)に流刑《るけい》となってしまいました。

以来、頼朝は仏法三昧《ざんまい》の日々、かと思いきや彼が精を出したのは、いまでいうナンパでした。綺麗な女《ひと》がいると聞くと、手紙を出して口説く毎日……。

「平家にあらずんば人にあらず」といわれるほど、権勢を誇った平家を打倒しようなどと、大それた野心を、頼朝はこれっぽちも胸に秘めていませんでした。

できることなら早く許されて、荘園の幾つかでも返してもらえれば……。

それが、頼朝の偽《いつわ》らざる本心でした。

しかし彼は成り行きから、武装決起しなければならないハメに陥ります。北条政子とつき合あってしまったのが、そもそものきっかけでした。

政子の北条氏は地元の小豪族の一つであり、彼女は頼朝の監視役である北条時政の娘でした。二人の交際を知った時政は激怒し、二人を引き離そうとして、別の男性＝平家の任じた代官・山木兼隆《かねたか》と政子の婚姻を取り決めます。

ところが、政子はこの婚礼を嫌い、頼朝のもとに駆け込んでしまいました。

さぞかし頼朝は、困惑したはずです。

彼にすれば、生命を賭けるほど、本気で政子とつき合っていたわけではありませんでした。一説によれば、本命は政子の妹であり、頼朝の従者・安達盛長《あだちもりなが》（のち鎌倉十三人衆の一人）が主人から託された手紙を、勝手に届け先を姉に変更して、渡したのが交際のはじまりとも伝えられています。

けれども、出だしはどうであれ、政子が頼朝のもとへ逃げ込んだ以上、婿となるべき山木はメンツにかけて、攻めて来るに違いありません。来なければ、武士としての一分《いちぶん》が立たない時代でした。

頼朝にとって多少なり幸いしたのは、このタイミングで、平家追討を促す以仁王《もちひとおう》（後白《ごしら》河《かわ》法皇〈第七十七代天皇〉の第三皇子）の令旨《りょうじ》が届いたことです。こうなったら、この令旨を大義名分にして挙兵＝山木を討とう、と頼朝は決意したのです。

結婚に反対していた時政も、政子の説得に応じて、頼朝の乗るか反るかの大勝負に荷担することになりました。政子の兄・宗時も、弟の義時も引きずられるように参画しました。

彼らは兵力も大したことなく、正攻法では勝てない、とまず村祭りで人が出払っている隙を狙い、山木を討ち取りました。しかし次の重要な、正式の旗揚げの一戦＝石橋山《いしばしやま》（現・神奈川県小田原市）の戦いでは、頼朝はあっさり負けてしまいます。

義時の兄・宗時はこのおり、討ち死にしてしまいました。生命からがら、なんとか頼朝は逃げのびたのでした。

頼朝が援軍に向けた意外なひと言

この敗戦が明らかになった段階で、ようやく遅れていた関東各地からの援軍が、頼朝のもとに集まってきました。彼ら豪族たちは現実主義者が多く、最近の平家ののさばり方に不満を持っていました。ならば平家の世の中よりは、源氏のリーダーを担いだ方がマシだ、と考え、豪族＝武将が続々と頼朝の下に集って来たわけです。

とはいえ、彼らの集結が遅かったために、頼朝は石橋山の戦いで負けたともいえます。旗揚げ時点での兵数は、たったの三百人ほどでした。

そこへ、東国の上総広常《かずさのひろつね》という大豪族が、悠々と合流してきました。

彼は二万騎という大軍勢を率いて現れたのです。しかし近隣の地域から馳せ参じた武将より、二日も遅れての推参（登場）でした。それでも広常に、悪びれる様子はありません。彼からすれば、源氏の棟梁の旗揚げといっても、自分たちの助力がなければ、頼朝は何もできないだろう、と高を括《くく》っていたからです。

ましてや、負け戦のあとに自分が大軍を連れてきたのだから、頼朝は泣いて喜ぶだろう、と完全にナメていました。自前の兵をほとんど持たない頼朝からすれば、打倒平家のためには万単位の兵を動かせる大豪族の応援が必須条件でしたから。

歴史をふり返ったとき、ここが頼朝の正念場でした。もし、広常の思った通りの応対をしたならば、鎌倉幕府は成立していなかったかもしれません。

ここで頼朝は、思わぬ反応を示したのです。

「遅れてきた者に目通りは許さぬ。帰るがいい!」

なんと広常に、門前払いを喰わせたのでした。

この時の頼朝は大惨敗を喫して、必死で逃げ延びて、やっと軍勢を建て直している最中です。本音をいえば、喉から手が出るほど、広常の兵力が欲しかったはずです。

実際、まだ味方の兵力は一万程度しか集まっていませんでした。広常が連れてきた軍勢はその二倍の兵数です。気分を害した広常と合戦ともなれば、頼朝は勝てなかったかもしれません。そんないろいろの気持ちを、まったく顔に出さず、その方の兵力は要らない、と彼はいい放ったわけです。

卑屈になれば相手はつけ上がる

あまりに予想外の対応で、広常は唖然としたでしょう。彼らからすれば頼朝は、源氏の棟梁とはいえ、たかが流人《るにん》です。

敗軍の将である頼朝を、心の底からリーダーと認めていたわけではありません。

いまだに誤解している人が多いのですが、頼朝は源氏の正統=宗家ではありません。

従兄弟に木曾義仲《きそよしなか》があり、大兵力を持った武田信義も己れこそが源氏の棟梁だ、と主張していました。頼朝の権威は、生き残ったことによって築かれたもので、最初からあったものではないのです。

自分たちがいなければ何もできないだろう、と明らかに「上から目線」でやってきた広常でしたが、低姿勢で迎えてくれると思った頼朝は、会うことすら許さない、と突っぱねたのです。最初は驚いた広常ですが、頼朝の毅然とした態度に自らを改めました。

広常は「さすがは源氏の棟梁である」と、慌てて正式に遅参を詫び、あらためてぜひにも頼朝さまの配下に加えていただきたい、と願い出たのでした。

頼朝は正念場において、何が一番大切であるかを見誤りませんでした。自分にあるのは、「源氏の棟梁」という立場――それも極めて不安定な――のみです。他に何もありません。

もし敗軍の将としてペコペコと卑屈に接したら、その脆弱《ぜいじゃく》な立場が揺らぐのは当然です。源氏の棟梁としての威信を失えば、今後は彼らの傀儡《かいらい》(あやつり人形)にされてしまいます。ですから、負けた後であっても、援軍の武将の前では堂々と振る舞ったのです。頼朝にとっては、一世一代の賭けであったかと思います。

けれど、やってよかった。このことが、鎌倉幕府成立の第一歩となったのですから。

【日本史コラム】
失敗したリーダー 一

逃げずに死んだリーダーたち

リーダー：久坂玄瑞、楠木正成

これまで第一章で述べてきたように、逃げることはリーダーとして恥ずべきことではありません。

しかし歴史上、逃げることを潔《いさぎよ》しとしなかったために、志半ばで世を去らなければならなかった歴史上の人物は、たくさんいます。

典型的な例が、幕末の久坂玄瑞です。

久坂は長州藩医の息子であり、秀才タイプの人物で、超のつく二枚目でした。師である吉田松陰《しょういん》が、「久坂の学問は天下第一」と称賛したほどです。医学・洋学も学び、研究した、若きエリートといえます。

この久坂は、政治力にも恵まれていました。松陰の妹を嫁にして、諸藩にも名前を知られるようになり、いわば長州藩を代表するスターとなっていました。

逃げた木戸、逃げなかった久坂の最終結果

それだけの才能がありながら、久坂は感情に走りすぎたところがありました。元治元年（一八六四）の「禁門の変」では、前年に起きた「八・一八クーデター」で京都を追い出された長州藩の地位を取り戻すため、挙兵に踏み切ります。

彼はもともと慎重論を唱えており、出兵には賛成ではありませんでした。けれども、久坂は〝長州男児〟です。

自らも参戦しましたが、幕府側についていた薩摩藩や会津藩の軍勢に敗れます。再起を図り、一旦逃げることもできたのですが、久坂は「もはやこれまで」と味方同士と刺し違えて、自害してしまいました。まだ、二十五歳でした。

潔いといえばその通りですが、自害は目的ではなく、幾つかあった手段の一つでしかありませんでした。これから先、いくらでも挽回のチャンスはあったはずです。

一方、本編でも紹介した木戸孝允（桂小五郎）は、形勢不利な場面ではしっかり逃げきり、最終的には明治維新の立役者の一人になりました。

鎌倉幕府の末期から、南北朝時代を生きた名将・楠木正成《くすのきまさしげ》も、逃げずに自刃したリーダーとして、後世に名を残しました。

正成は臨機応変、変幻自在のゲリラ戦法によって、少数で大軍を翻弄する戦《いくさ》の名手でした。

名高いのは、赤坂城（現・大阪府南河内《みなみかわち》郡千早《ちはや》赤阪村）の籠城戦でしょう。鎌倉幕府の大軍を巧みなゲリラ戦によって、およそ二カ月もの間、孤城に引きつけることに成功しています。

しかも、「熱湯を浴びせた」「大石を落とした」「藁人形で敵を欺《あざむ》いてその放った矢を使った」など、すべてが史実かどうかはともかく、奇想天外な手段で戦い抜いたといわれています。

正成の奮闘によって、鎌倉幕府の威信は揺らぎ、幕府を倒せるかもしれないと各地の勢力が立ち上がるきっかけとなりました。

その正成は、一度は籠城戦を打ち切って姿を消してもいました。彼の大活躍もあり、鎌倉幕府は倒れ、後醍醐《ごだいご》天皇の新政〝建武《けんむ》の中興〟が始まります。

楠木正成も己れの美学で散っていった

政権をとったまでの、後醍醐天皇の意志の固さには凄まじいものがありました。が、そのあとが、この帝はよろしくありませんでした。

生命をかけて戦った武士をあまり評価せず、何の働きもしなかった公家や皇族に対して褒美を厚くしたため、武士たちに不満が広がります。そして武士たちの支持を受けて、挙兵したのが足利尊氏《あしかがたかうじ》でした。

正成は武士側にはつかず、自分にチャンスをくれた後醍醐天皇のために足利軍を迎え撃ちます。その際、「京の市中に敵を入れ、退路を断って攻めましょう」と策を進言しますが、素人の公家衆は「京を戦場にしたくない」の一点張りで、正成の言を聞き入れようとはしませんでした。

結果的に、兵庫の湊川《みなとがわ》において正成はたった七百騎(諸説ありますが)で、尊氏の大軍に突っ込むことになりました。善戦しましたが、ついには楠木軍は敗れます。

全身に十一もの傷を負った正成は、民家に落ち延びました。息子が「七生まで人間に生まれて、朝敵を滅ぼしたいと思います」というと、「自分も同じ気持ちだ」と正成は答えたそうです。

その家で一族と共に自害して、正成はこの世を去りました。その死に際の見事さは、現代まで感動と共に語り継がれてきました。

しかし、正成ほどの軍略家です。逃げようと思えば逃げることはできたはず。

「七度生まれ変わって〜」とまで願うのなら、この世でまずは逃げて、再起を図るべきではなかったのでしょうか。

筆者には、もはやこれまで——という、正成の達観が感じられてなりません。酷なようですが、勝負はあきらめたら、その瞬間に敗北が決まります。

正成を失った後醍醐天皇の南朝は、時代を経て北朝に吸収されてしまいました。

正成には正成の生き方がありますが、生きて後醍醐天皇の南朝と足利尊氏の北朝を和解する役割を担う、という方向性もあったのではないか、と筆者は思うのです。

実際にそれをやり遂げたのは、正成の三男・正儀《まさよし》でした。筆者は彼を立派な人物だと尊敬していますが、歴史の評価は父に比べて辛《から》いものがあります。

けれども正儀本人は、己れの果たしたリーダーとしての役割に、十分満足していたのではないでしょうか。

第二章

CHAPTER02

トラブルがつづいた時の対処法

肩の力を抜こう！
浮足立たないことが大事

トラブル対処法一

力を抜くべし

リーダー：竹中半兵衛

危機や揉め事《トラブル》に直面した時、人は身構え、全身に力が入ってしまいます。目の前の困難を乗り切るため、いつも以上に〝やる気〟、気力を振り絞ろうとするのでしょう。

しかし、気持ちは乱れ、呼吸も荒くなり、大抵はうまくいかないものです。

そもそも、いつも以上の力など、そうそう出るものではありません。

こんな時ほど逆に、まずは力を抜くことが大切なのです。いわば平常心を取り戻すこと。

武道の世界でいうなら、「不動心」ともいいます。

武道の達人に年配者が多いのは、自然に力が抜けているからでしょう。

合気道の開祖・植芝盛平《うえしばもりへい》は、「若いのか、それならば弱いのも仕方がないな」といったそうです。若い方が気力や腕力もあって強いのではないか、と普通の人は思いますが、武道の達人はむしろ、若いから力が入りすぎていてダメなのだ、といっているのです。

半兵衛はいい意味で力が抜けていた

誰もが力瘤《ちからこぶ》が入った戦国時代で、気負いなく、上手に脱力したリーダーの成功者を紹介しましょう。いい意味で力が抜けていたのは、屈指の智謀の人・竹中半兵衛でした。

彼は、羽柴《はしば》(のち豊臣)秀吉の軍師として、浅井氏攻めや中国地方攻略などで縦横に機略を用い、数々の勝利に貢献しました。体が生まれつき弱く、病気がちだった半兵衛は、体力にも自信がないため、とにかく無理をしませんでした。

わずか十六人で(十七人とも)、天下の堅城・稲葉山《いなばやま》城(現・岐阜県)を乗っ取った時もそうです。

岳父《がくふ》(妻の父親)である安藤守就《もりなり》から、乗っ取りの作戦立案を頼まれ、ある戦略を授けました。まず半兵衛の弟を城中に入れ、病床に臥せさせます。そのうえで、「病気見舞い」と偽り、自分の家来を少数、武器と共に城内に入れると、まずは要所を押さえて門を開け、待機していた安藤の家臣団を招き入れて、城を占領するというものでした。

事は目論見《もくろみ》通りに進み、城を乗っ取ることに成功したのですが、彼らのクーデターには思ったほどの賛同者が集まりませんでした。

物語の世界では、日頃、馬鹿にされていた半兵衛が、己れのメンツを立てるために城を乗っ取ったことになっていますが、それは創り話です。史実はクーデターであり、首謀者は安藤です。娘婿の半兵衛は、巻き込まれたも同然でした。

賛同者が増えない、とみた半兵衛は、稲葉山城を主君の斎藤龍興《たつおき》に、あっさりと返してしまいます。せっかく天下の堅城をとったのですが、半兵衛は執着しません。いい意味でこだわらないから、臨機応変の対応ができたのです。

彼は物語の世界のように、諸国を武者修行したりしていません。それができるようになるのは、織田信長が〝天下布武〟に王手をかけるようになってからのこと。

半兵衛は自分の領地に引き籠ったものの、稲葉山城からは追手は来ませんでした。

なぜか、信長の攻勢が活気づき、それどころではなくなっていたのです。半兵衛はそのことも計算していました。つづいて、信長が自分を召し抱えたい、といい出すことも。

半兵衛は信長を、次の主君と選んだのですが、すぐに目付《めつけ》として秀吉に従っています。

これも半兵衛の計算でした。なにしろ信長は、人使いが荒いことで知られています。

彼の直臣でいれば、次から次へと軍務を与えられ、休息する間もなく、ストレスと疲労で寿命を縮めてしまうことが、半兵衛には予測できていました。その点、秀吉なら自分を大切に扱ってくれる、とそれまでの交渉の過程で確信していたのです。

半兵衛は何をするにもゆっくりで、馬に乗る時も一番おとなしい馬を選んで乗っていました。ですから戦場でも、兵士たちは後ろ姿を見ただけで、竹中さまだ、とわかったといいます。しかし、その半兵衛の穏やかなたたずまいこそが、いかなる危機にあっても、

「軍師殿は慌てていない。何か策があるのだ」

と、秀吉軍を安心させ、士気を高める効果がありました。

「半兵衛は、雷が左右に落ちても動じない」とまでいわれたほどです。

では、どうすれば半兵衛のように、力を抜いて、リラックスして、自らの業務に取り組むことができるのでしょうか。

例えば、目標を高く持たないことです。欲が出ると、力が入ってしまいます。だから、絶対に目的を達成するぞ、などとは思わないようにするのです。6割ぐらいできればいい、と考える。それができたら、少しずつ自ら目標を上げていくのです。

そんなふうにやっていけば、変な力は入らず、気がつけば理想的な参謀、リーダーになっているものです。

慌てない

リーダー：東郷平八郎

以前、「鈍感力」という言葉が注目されました。

いい意味での〝鈍さ〟を持つことが、些細なことに一喜一憂せずに、ストレスを抱え込まず、前向きに生きるチカラになるといわれました。

これはこれからの、「令和」のリーダーにも必要な素質かもしれません。

目の前で起こる出来事に、自らがアタフタすると、部下は浮足立ち、現場は混乱することになります。

その意味で、鈍感力を上手に発揮したのは、連合艦隊司令長官の東郷平八郎《とうごうへいはちろう》でした。

バルチック艦隊は何処？　焦る部下たちをなだめた東郷

東郷が「鈍感力」を示したのは、日本とロシアが戦った日露戦争＝明治三十七年（一九〇四）二月開戦～翌年九月まで、でした。

ロシア艦隊は明治三十七年五月、日本の連合艦隊の動きを読み、その進路に複数の水雷を仕掛けました。この罠にまんまと引っかかってしまった艦隊は、トラの子の戦艦「初瀬《はつせ》」「八島《やしま》」をあえなく沈没させてしまいます。

連合艦隊にとっては、大打撃でした。

当時、日本に戦艦はたった六隻しかありません。そのうちの二隻を、開戦三カ月で失ってしまったのですから。

――連合艦隊に、動揺が走ります。

しかし、東郷は報告に来た艦長や士官たちに、「ご苦労さまでした」と淡々とねぎらいの言葉をかけます。

叱ることもなく、非難することもなく、ましてや気落ちしている様子もありません。常日頃と同じ態度で、部下たちに接したのでした。

東郷とて、痛手は重々承知しています。けれども、今さらグチっても仕方がないことです。ならば、まずは目の前の部下たちの気持ちがこれ以上乱れたり、落ち込んだりしないようにするのが、東郷のリーダーとしての務めになります。

実際、彼に言葉をかけられた艦長や士官たちは、徐々に動揺を鎮め、次の戦いに向けて気持ちを切り替えることに成功しました。

東郷の「鈍感力」は、バルチック艦隊との決戦前にも発揮されています。

ロシアの精鋭であるバルチック艦隊が、日本海に入ってきたところを、連合艦隊で迎撃するのが基本的な、日本側の作戦でした。

問題は、敵がどのルートで日本海に侵入してくるかです。宗谷《そうや》海峡、津軽《つがる》海峡、そして対馬《つしま》海峡と、いくつものルートが考えられました。

もし、捕捉できず、決戦で殲滅《せんめつ》し損なえば、そのロシア軍艦が、中国大陸へ将兵や食料を運ぶ日本軍の輸送船を、襲うことが懸念されていました。海上補給路《シーレーン》を確保するためにも、一大決戦でバルチック艦隊を叩きつぶさねばなりません。

レーダーのない時代です。

情報収集とシミュレーションの結果、対馬海峡から来ると予想し、連合艦隊は待ち伏せていました。

ところが、当初の予想の日を過ぎても、バルチック艦隊は日本海に姿を現しません。

連合艦隊は万全の備えで、陣を張っています。士官の中には、

「すでに日本海に侵攻しているのでは……」

と慌てる者も出てきます。

名参謀として語られる秋山真之《さねゆき》ですら、「もしかしたらバルチック艦隊は、すでに通り過ぎたかもしれません。我々も移動すべきです」と、東郷に進言したほどでした。


しかし、東郷は動じませんでした。明治三十八年五月二十五日の作戦会議の席上、

「対馬海峡に来るといったら来る。待てばいい」

連合艦隊は出撃前に、大本営(日本軍の最高統帥機関)から、万一のおりに開封すべき指令書を、持たされていました。それを開封すると、移動すべし、とありました。

それでも東郷は、動こうとしません。

皆が疑心暗鬼を生ずる中、第二艦隊の第二戦隊司令官・島村速雄《はやお》が現れます。彼は明治三十八年一月まで、連合艦隊参謀長をつとめていました。島村の旗艦は艦隊の一番遠くに配置されていたので、会議にも遅れてきたのでした。

リーダーが浮足立てば部下は動揺する

東郷は島村に、「貴君の意見はどうか」と尋ねます。

島村は「待つべきです」と、即答しました。

「バルチック艦隊の船足は、バラバラです。つまり、船足が一番遅い船に合わせた速度で進んでいると考えるべきです。我らの哨戒《しょうかい》線を潜り抜けて、日本海に入ったとは到底、考えられません」

とキッパリと明言したのです。

それでも会議は紛糾しました。島村の意見も、一つの予測に過ぎませんでしたから。

東郷はついに議論を制して、大本営から預かっていた期日指定の指令書を改めて一読、

「当日までにバルチック艦隊の船影が見えない場合は、艦隊を移せ」

と書かれた指令書。実際、まだ船影は見えません。

さてはようやく移るのか、と一同が思う中、東郷は「次に動きがあれば動くことにする」

と命令をくだしたのでした。

待ちつづけた彼の判断は正しく、二日後の五月二十七日、ついにバルチック艦隊が現れます。

待ち構えていたからこそ、世界初の〝T字戦法〟（多数の火力を敵の先頭部分に集中し、まず機先を制す）でバルチック艦隊を撃破することができました。

もし数日前に連合艦隊を移動していたら、バルチック艦隊は日本海にやすやすと侵入し、ウラジオストックに入港。日本海の制海権は彼らに奪われ、日本は圧倒的に不利な状況に陥っていたことでしょう。

当然ながら、一気に海戦で決着をつけることができず、戦争が長引いた場合、国力はロシアのほうが圧倒的に大きいため、日露戦争は日本が負けていたかもしれません。

そうなれば、世界地図から日本は消滅していた可能性が高かったと思います。

東郷は目先の不安に惑わされず、冷静に自ら状況を見極めました。

リーダーが浮足立てば部下は動揺し、より浮足立つもの。

リーダーが慌てた素振りをみせていないからこそ、部下は動揺せず、冷静な判断を下せるのです。

トラブル対処法 三

柔らかく考える

リーダー：渋沢栄一

ピンチに直面した時、リーダーが悲観的か楽観的か、どちらのタイプに属するかでチームの命運が決まってしまいます。

——世に多いのが、悲観的なリーダーです。

「事態はもっと悪くなるだろう」「もう打つ手がない」「いくら足掻《あが》いてもムダだ」と悪い方へ悪い方へと考える、こういうチームリーダーをよく見かけます。

部下が対策を提案しても、すでに聞く耳を持てなくなっている状態に陥っていて……。

これでは事態を、自らさらに悪化させているようなものです。

皆さんは、どうでしょうか？

ピンチの時ほど、楽観的に考えられる人が、チームを窮地から救います。

なぜならば、冷静に考えれば本来は、打つ手は無限にあるのですから。

それを体現したのが、幕末から昭和を生きた日本経済界の大立者《おおだてもの》・渋沢栄一でした。

固く考えない。柔らかいのが渋沢の強み

のちに〝日本近代資本主義の父〟とまで敬称される渋沢栄一は、苗字帯刀《みょうじたいとう》を許された、埼玉の豪農の出身です。

何不自由ない生活を送っていましたが、幕末、神道無念流《しんどうむねんりゅう》の剣術を学び、朋友と交流するうちに、流行の尊王攘夷の思想に染まっていきます。

ついには、高崎城（現・群馬県高崎市）を乗っ取り、横浜を焼き討ちして、幕府を潰してやろうという企みに参加しました。計画自体は未遂に終わったのですが、関八州《かんはっしゅう》取締出役（今日の公安警察）に目をつけられてしまいました。

そんな時に、剣術修行で江戸へ出たおり知り合った、将軍家の家族＝御三卿《ごさんきょう》の一《いっ》・一橋《ひとつばし》家の家臣である平岡円四郎《えんしろう》から、一橋家への仕官の話をもらいました。

渋沢は少し前まで、幕府を転覆させようと考えていた男です。にもかかわらず彼は、徳川家の支系の一つである、一橋家に仕官したのです。

随分と矛盾した選択をしたわけですが、渋沢の中では柔軟に考えた結果でしょう。

このまま国事犯で追い回されていたら、何もできない。それよりは一橋の家臣となって、

これまで経験してきた農商の才覚で、一橋家が抱えている経済的な問題(財政破綻)を解決し、財政を再建できれば、その功労者としての発言力は大きくなるはず。

そうなれば、一橋家全体を倒幕にも向けられるのではないか、と渋沢は楽観的に考えたようです。


財政再建というと難しそうに聞こえますが、武士の感覚で会計をしているから収入と支出のバランスがおかしくなっているだけのこと。藍玉《あいだま》(染料)商人でもある渋沢の目から見れば、そこを調整するのはさほど難しくありませんでした。

実際、すぐに財政を立て直すことができ、その功績が認められて彼は、勘定組頭《かんじょうくみがしら》にまで出世します。そのうえ、主人の一橋慶喜《よしのぶ》が十五代将軍になったため、渋沢も幕臣の身分を得て、直参《じきさん》旗本となったのです。

さらに慶喜の実弟である昭武《あきたけ》に従って、渋沢はパリの万国博覧会に出張することになりました。

フランスでは、商人と軍人が同じテーブルで対等に話をしている現場を目撃。渋沢はカルチャーショックを受けました。

日本では、考えられない光景であったからです。江戸期の商人は、士農工商の一番下の扱いで、武士と同席することはおろか、対面はきわめて冷遇されたものでした。

これからは日本も、身分制度をなくさなければならない、と渋沢は強く感じたのです。

しかも、海外では商人が力を持つのは、カンパニー（株式会社）制度で大量のお金を集められるからだ、と知ります。

また、バンク（銀行）は多くの人々から資金を集め、大きな事業に投資し、その利益を出資者に還元するというシステムであることが、明らかとなりました。

「これなら日本でもできる」

ちなみに、バンクを「銀行」と訳したのは、〝三井〟の大番頭・三野村利左衛門《みのむらりざえもん》であり、それを日本に定着させたのは渋沢でした。

彼は本当は、「金行」としたかったのですが、江戸時代の日本は金銀並立制で、実際の商取り引きは銀が主体でした。渋沢は自案に固執せず、ここでも柔軟に対処しました。

いずれにせよ明治日本は、渋沢のシステムによって、一気に近代化を推進したのでした。

俺なら慶喜公を説得できるという自信

日本とのあまりの違いに絶望するどころか、むしろやるべきことを次々と見つけて、喜び勇んで日本に帰国した渋沢ですが、明治維新で幕府は消滅しており、慶喜は将軍職ではなく、上野から水戸、静岡へと謹慎の身の上となっていました。

しかし渋沢は気落ちせず、できることから始めようとします。フランスで見てきたカンパニーを、日本に作ろうとしたのです。

徳川家は静岡に移っていたため、渋沢も静岡を拠点にしました。当時、旧幕臣の多くが慶喜についてきたため、静岡の人口は急増し、土地の値段も跳ね上がって、経済はガタガタになっていました。

渋沢は銀行や商社の機能を持つ「静岡商法会所」を設立。静岡の名産であるお茶に目をつけて、お茶農家に資金援助をする仕組みを作りました。

お茶であれば武器と違って、素人の商人でも扱えます。日本のお茶の品質は海外でも評価が高い。おまけに収穫サイクルも早く、すぐに輸出できるため、速やかに現金化できる利点がありました。

その成果によって渋沢は、静岡の経済を立て直したのです。

困難に直面しても、彼は深刻に考えず、やれることからやってみよう、と挑戦しつづけました。

この〝軽やかさ〟、フットワークのよさが、渋沢の持ち味、真骨頂《しんこっちょう》です。

彼は常々、「俺なら慶喜公を説得できる」と心中で思っていたようです。もともとの身分からいえば、天と地の開きがありましたが、それすら渋沢は深刻に捉えませんでした。

楽天的に発想すれば、打てる手は無限にあります。

渋沢栄一は日本経済のリーダーとして、そのことを生涯かけて示しつづけ、彼の意志を継いだ人たちによって、日本は経済大国に成長していったのです。

簡単にあきらめない

リーダー：武田信玄、織田信長

くり返しになりますが、リーダーは潔くあるべきだ、と思い込んでいる人が、「令和」になってもまだ日本には少なくありません。

うまくいかない時、結果が出せない時は、潔くあきらめて、撤退する方が賢明であると考えるのもその一つ。確かに、そうした方がよい場面もあるでしょうが、成功したリーダーは総じて、あきらめが悪い方だったように思われます。

リーダーのあきらめがよすぎると、部下たちも「最後までできなくてもいいんだ」という中途半端な気持ちで、仕事に取り組んでしまいます。チームが上から下まですぐにあきらめていたら、目標を達成することなんてできるはずがありません。

もしあなたが、部下からあきらめが悪い、と思われていたならば、ムリにその印象を変える必要はないかもしれません。筆者は誇るべきだとすら思っています。

――ここぞという場面では、絶対あきらめない方がいいのです。

生誕五百年を今年迎えた〝戦国最強〟を謳《うた》われた名将・武田信玄も、あきらめが悪く、天才的戦術家の上杉謙信と、五度に渡って川中島で戦いつづけました。

四度目の戦いの時は、本来なら武田軍が奇襲をして、上杉軍を挟み撃ちにするはずでしたが、その策を察知した謙信の方から、先に武田本隊に攻撃を仕掛けてきました。信玄は逆に、奇襲されてしまったのです。

挟み撃ちのつもりで先発させた別働隊が、戻ってくるまで頑張れば、武田軍は形勢を逆転できます。兵の数では、武田軍が上杉軍を上回っていたのですから。

しかし、二分したために、上杉勢に攻め込まれた武田軍は兵数も少なく、大ピンチです。

こういう時、リーダーの真価が問われます。

持ちこたえるにせよ、逃げるにしても、浮足立ってはいけません。

信玄は自らは床几《しょうぎ》(折り畳み式の腰掛)にどかりと座り、動くことなく、崩れそうになる自陣を立て直し、粘り強くその場を離れずに指揮を執りつづけました。

その結果、上杉勢に不意を突かれ、当初は押されていた形勢も、別働隊が到着して一気に盛り返すことができたのです。

なぜ長槍は強いのか？ 徹底的に研究した信長

織田信長もまた、あきらめの悪いリーダーでした。

彼の強さを支えていたのは、一にも二にも粘り強さ、あきらめの悪さ、「愚直さ」でした。

それがわかる逸話があります。

彼は子どもの頃、よく近所の子どもを集めて、竹の槍《やり》で突き合いをして遊んでいました。

ある時、いつも勝っているチームが負けてしまいます。普通の人ならば、偶然だろう、で済ませたことでしょう。

しかし信長は、なにか理由があるはずだと考え、真剣に検証しました。そして勝ったメンバーが手にしていた槍が、ほんの少し長いことを突き止めたのです。

筆者はたまたまだったと思います。

ですが信長は、いや、長い方が短い方より有利なはずだ、と思い込みます。

当時の槍の長さは、三間《さんげん》（約五・五メートル）でした。これ以上に長くすると、槍を突いて戻すまでに時間がかかるので、三間がちょうどいい長さだったわけです。

にもかかわらず信長は、試しに三間半（約六・三メートル）の槍を持たせて、子どもたちを戦わせました。しかし、長槍チームは勝てません。何十回やっても勝てない。もともと槍の扱いに優れたチームが、勝つに決まっています。槍は個人の技量によるもの。まして弱いチームの竹槍は、長すぎて扱うことができません。

並の人間なら、すぐにあきらめるにちがいありません。やっぱり、と。しかし、信長は途中で止めたりしません。絶対に、長さを活かした勝ち方がある、と考えるのでした。

そしてついに信長は、発見したのです。「槍は突かなければいいのだ」と。突くと戻す必要があるので、長すぎる槍は不利でした。それならばいっそうのこと、長さを活かすために、上から下へ叩けばいいのでないか、と閃いたのです。

さらに、個人の技量に左右されないように、横一列に足軽を並ばせて、槍を上から下へ、号令をかけながら叩かせました。これなら敵に、槍の達人がいたとしても、こちらへ飛び込んでくるより先に、こちらの槍が届きます。

信長はついに、三間半の槍の強さを証明しました。彼の率いる長槍隊は、「織田家の槍ぶすま」として戦場で恐れられ、やがて他の戦国武将たちも信長の真似をするようになります。彼の粘り勝ちでした。

奥の手（ハッタリ）をかます

リーダー：源頼朝

リーダーは正々堂々、一点の曇りもなく、正攻法で何事も取り組まなければならない。そんなふうに考えると、自分で自分を追い詰めることになってしまいます。

ときには〝ハッタリ〟をうまく使うことで、リーダーとしての幅広い活動ができる場合もあるのです。

己れの存在をかけた場面で、一世一代のハッタリをかましたのが、源頼朝でした。そもそも、彼はなぜ平家を倒し、鎌倉幕府をつくることができたのでしょうか。

なぜ頼朝は棟梁に選ばれたのか？

第一章で述べたように、源頼朝は伊豆に流された謀叛人です。自前の兵さえろくにいません。一般には、以仁王から「平家打倒」の令旨を受けて挙兵し、源氏の旗の下、大軍が馳せ参じたため、源氏の逆襲が始まった、と思われています。

しかし、立ち止まってお考え下さい。

では、どうして頼朝の下に、大軍が集まったのでしょうか。

以仁王の令旨は、全国各地の「源氏」に送られています。

それぞれの源氏が各地で自分が大将だ、と主張していた時代です。甲斐源氏の武田信義や、木曾義仲の方が、頼朝よりも世に知られ、兵力も多く持っていました。

ですので、頼朝がいくら、「俺は令旨を受けたのだ」といってみたところで、それだけでは必ずしも、兵は彼のもとに集まって来るものではありませんでした。

ちなみに長男を重視する価値観は、徳川家康が江戸時代を創出し、定着させたものです。

鎌倉時代は、必ずしも長男が優遇されることもなく、権威や権力は分散していました。

すでに第一章でみたように、頼朝は源氏の正統、嫡流ではありません。数ある源氏の流れの一つ、それも父・義朝の三男にすぎませんでした。

しかも、切羽詰まって挙兵したものの、石橋山の戦いでは負けています。他の武士を納得させるような、例えば義仲が示したような武将としての強さも、持ち合わせてはいませんでした。

にもかかわらず、一カ月もしない間に大軍を率いて鎌倉へ入り、関東の御家人《ごけにん》の棟梁になるわけです。

いったい、どんなカラクリがあったのでしょうか。


そこには、頼朝ならではのハッタリがありました。

挙兵した段階で頼朝は、無位無官の単なる流人でしかありませんでした。

これでは関東の武士団を糾合《きゅうごう》することができません。そこに、以仁王の令旨がもたらされました。

これは、頼朝本人と側近の北条時政（政子の父）、北条宗時（政子の兄・のち戦死）、同弟の義時しか、内容は見ていません。ですから、中身に何が書いてあるのか、第三者にはわからなかったわけです。これこそが、ハッタリの種でした。

そこで頼朝は、「私は源氏の棟梁として、後白河法皇（以仁王の父）より関東に関するすべてを一任された」と、近隣諸国の豪族＝武士に触れ回ったのでした。

このハッタリは、絶大な効果を発揮します。

関東の武士たちからすれば、頼朝についていけば、自分の開拓した土地を法皇＝朝廷が保証してくれる、と考えたわけです。しかも頼朝は、「働き次第でもっと土地をやるぞ」という口約束もしました。

多くの武士はこのハッタリにだまされて集まり、瞬く間に頼朝を担いで、鎌倉に幕府を創り上げたのです。

正攻法が通じない時に奥の手があるかどうか

もっとも、ハッタリは効きすぎるほどに効きましたが、実態は何もないので、頼朝は内心、不安で一杯だったはずです。それでも彼はリーダーとしての孤独に耐えつづけました。

そんな状況の中で、従兄弟の木曾義仲が自分より先に京都へ乗り込み、平家を追い出すことに成功しました。

しかも後白河法皇から、征夷大将軍にまで任命されてしまいます。

このままの状態がつづけば、義仲が源氏を代表し、頼朝はその傘下に吸収されたかもしれません。なにしろ頼朝は、依然として肩書がない謀叛人のままであったのですから。

「鎌倉殿」として振る舞えたのは、「源氏の正統の棟梁だ」という根拠の薄い主張と、以仁王から「関東を任せる」といわれた令旨が来た、というハッタリだけです。前者は実力で決するもの、後者も、いわば嘘八百なのですから、いずれ誤魔化しきれなくなってしまいます。

世の多くのリーダーは、この局面で失敗するのです。

己れの置かれている立場に弱気となり、つい軽挙妄動をして、自ら墓穴《ぼけつ》を掘ってしまう人が多いのです。

しかし、成功者となるリーダーは違いました。

彼らは待つということ、孤独に耐えて次の動きが起きるまで、忍耐強く我慢することができたのです。

『易経《えききょう》』（中国儒学の古典）にいう、「窮すれば則《すなわ》ち変じ、変ずれば則ち通ず」（何事も、もうダメだといよいよ窮する状況になると、必ず変化が生じ、変化が起こればそれに応じて通じる＝突破できる道が生まれてくるものだ）です。

すでに述べたように、このおり日本は史上最悪の天災——今日のコロナ禍に匹敵する災禍と平家の都落ちにより、食料の欠乏した都で、義仲の兵たちが暴れていました。京文化を理解しなかった義仲は、公家たちとも折り合いが悪くなり、義仲主従の傍若無人な振る舞いに、都の人々はホトホト疲れ切ってしまいます。

困り果てた後白河法王は、ついに頼朝に「助けてくれ」と泣きついてきたのです。同時に、「右兵衛佐《うひょうえのすけ》」という、かつての官位まで戻すといいます。こうして頼朝は、徐々にハッタリに気づきはじめた豪族たちを納得させつつ、武家の棟梁としての実権を徐々に握ることができるようになったのです。

最初にハッタリをかまして、ジタバタせずに忍耐していなければ、後白河法皇に頼られることもなかったでしょう。

一時的には〝嘘〟であるとしても、頼朝はやがてハッタリを実現しています。したがって、ときにハッタリをかますのも、リーダーにとってはありなのです。

正攻法で勝てたら、何よりラクなのですが、なかなか実際にはそうはいきません。

ピンチの時に使える奥の手を持っているかどうかで、リーダーの成否は決まるものです。

トラブル対処法 六

私利私欲を捨てる

リーダー：坂本龍馬

仮に、リーダーに一流と二流があるとすれば、何が両者を分けるのでしょうか。

一流のリーダーには、大義名分があります。自分は世のため、人のためになることをやるのだ、という公《おおやけ》の志です。大志といい換えても、いいかもしれませんね。

一方、二流のリーダーは私利私欲を求めるタイプが大半です。自分が立身出世したり、金儲けしていい暮らしをしたりすることが、究極の目的となっています。

人生観は人それぞれですから、筆者は一概に後者のリーダーを否定しません。

しかし、どちらが苦境の時に強いかといえば、歴史は明らかに前者、大義名分を持っているリーダーだ、と断言します。

その典型こそが、坂本龍馬でしょうか。

「日本人のための海軍を創る」を貫いた龍馬

高等学校の日本史の教科書から、坂本龍馬が消されそうになったのは周知の事実です。ベストセラーの小説に描かれた彼の業績（薩長同盟への周旋、大政奉還での活躍、独創的な船中八策の提案）がすべて史実ではない、と判断されたからでした。

残してほしい、との嘆願が殺到したおかげで、どうにか名を留めることができたようですが、筆者は小説を守ることよりも、史実の龍馬にもっと、関心を示すべきだと考えています。

本当の彼は、当時の最先端である西洋流砲術を学んだ、優秀な理科系の技術者でした。理数系の優れた頭脳を持ち、弾道計算もできれば、語学も堪能。欧米先進国に学んだ、非常に進んだ考え方の持ち主でした。

龍馬にとっての、リーダーとしての大義名分は〝一大共有の海局〟でした。

「海局」は「海軍」の単語が固定される前に、使われたものです。

どういうことかといいますと、従来の幕府や薩摩・長州といった雄藩でもない、そうした垣根を越えた、不偏不党の第三の〝極〟――それを可能とするために、その他大勢の人々

＝日本人全体のための海軍を、龍馬は創りたかったのです。

もともとこの壮大な構想は、師の勝海舟が龍馬に語ったものです。海舟が開いた神戸の海軍操練所（正確には横の私塾）で、龍馬は夢に向けて必死に勉強していました。

ところが、幕臣である海舟は、幕末の政局が一変し、幕府権力が強化される過程で、倒幕派との関係を疑われ、江戸に召喚されてしまいます。

二人の理想の第一歩であったはずの、神戸海軍操練所も閉鎖されてしまいました。


龍馬は失脚した海舟の志を継ぐべく、あくまで浪士の自分の立場で、海舟とは異なった自分の形で、理想に向かって突き進もうとします。後ろ盾も地位も、黒船一隻さえも持たない龍馬が、第三の〝極〟を形成するために、私設海軍を創ろうと奔走しました。

そんな龍馬の志に共感して人々が集まり、長崎にできたのが「亀山社中《かめやましゃちゅう》」です。

幕末は欧米列強の影響もあって、それまで日本にあった封建制――縦割り社会とはまったく異質の、いわゆる〝平等〟〝横並び〟の感覚が芽生えた時代です。勤王の志士の間では、「僕」「君」という呼び方が流行しました。身分を問わずに目的を同じくする人間が語り合って、互いの友情を深めたのです。

実際、亀山社中に上下関係はありませんでした。龍馬を含めて全員が対等な同志でした。ですから、会計を公開し、リーダーの龍馬も平隊士である伊達小次郎《だてこじろう》(のち陸奥宗光《むつむねみつ》)も、月の給与は三両《りょう》二分《ぶ》と同じでした。

志の下に集まった同志と夢に向かっていた龍馬でしたが、ようやく手に入れた「いろは丸」という船を使って、海外貿易を多角的に始めようとしたところ、紀州《きしゅう》藩船「明光丸《めいこうまる》」と激突。「いろは丸」は沈没してしまいました。

それでも、龍馬はあきらめません。前向きに、ひたむきに、自分の理想をめざしたのでした。

その後、彼は志半ばで暗殺され、生涯を終えましたが、志を掲げて真摯《しんし》に取り組みつづけたからこそ、何ら後ろ盾もない彼に、幕府や諸藩を越えて多くの人間が集まり、彼らは「明治」で各々、活躍することになりました。

リーダーたる皆さんは、自分の志、目的、大義名分は何か。どうかこの機会に、整理してみられてはいかがでしょうか。

トラブル対処法七

厳しい現実を正直に伝える

リーダー：柴田勝家

ハッタリを利かせるのも、リーダーの仕事の一つだ、と前述しました。

それが局面を打開するのであれば、活用するのは有効な方法といえるでしょう。

しかし、先行きの見通しもないまま、ハッタリだけを利かせば、それは嘘つきになってしまいます。嘘をつくのは、よくありません。

とくに、ピンチに直面している時、部下の士気を鼓舞するためだからといって、何の計算や才覚もなく、嘘を伝えるのは感心しません。

真実をチームメンバーが知れば、かえって仕事へのモチベーションは一気に下がりますし、リーダーへの信頼度も、消滅してしまいます。

逆の、柴田勝家《かついえ》のエピソードを紹介しましょう。勝家は織田家の筆頭家老として、主君信長の〝天下布武〟に多大な貢献をしました。とくに〝鬼柴田〟の異名を取り、最前線の指揮官としては勇猛果敢、最も優秀だったといわれています。

追い込んではいけない。希望を持たせるんだ

そんな彼には、「瓶割《かめわ》り柴田」と呼ばれる有名なエピソードがありました。

元亀元年（一五七〇）六月、柴田勝家は近江の長光寺《ちょうこうじ》城（現・滋賀県近江八幡市）に立籠《たてこも》り、名門の武将・六角承禎《ろっかくじょうてい》に包囲されていました。六角軍は城への水路を断ったので、城内の将兵は水を得られなくなり、危機を迎えます。

人間は食べ物がなくても、水さえあればしばらくは過ごせますが、その水がなくなってしまっては、すぐさま衰えてしまいます。しかし、織田家からの援軍は、水が尽きる前には間に合いそうにありません。

ここが、リーダーたる勝家の真価の問われる時です。

彼は城内に残った水瓶三つを、集まった全将兵の目の前に持ってこさせました。

「城の水は、もうこれだけだ。援軍は当てにできない。だから、このまま籠城しても渇死するか、弱まったところを攻められて死ぬだけだ。ならばどうだろう、武士らしく、いまだ力が尽きる前に、城の外へ討って出ようではないか」

勝家はそういい、集まったすべての将兵に、それぞれ柄杓《ひしゃく》で一杯ずつ平等に水を飲ませ

ました。そして全員が飲み終わると、勝家は彼らの見ている前で、多少の水が残っていた水瓶も含め、三つをすべて、槍の柄で叩き割りました。

もうこれで、城内には一杯の水もありません。城兵たちは、決心しました。奮い立った柴田軍は城を打って出て、敵に総突撃を仕掛け、見事に数に勝る六角軍を破ったのです。

筆者は、この水瓶を部下たちの前で叩き割った儀式《セレモニー》が重要だったと考えています。ともすれば、この話は「兵を逃げ場のない状況＝「死地」に追い込んで、敵に突っ込ませたから勝てた」と解釈し、気力を振り絞れば、不利な状況でも逆転できる、という訓話に使われがちです。

しかし、そんな安易な精神論では、勝家のマネジメントの合理性が伝わりません。この時、彼がシビアな現実を包み隠さず、全員に対して情報開示したことが重要なのです。

勝家はまず、リーダーとして現状を包み隠さず説明しました。現在の我々は追い詰められている。援軍は間に合わない。このままでは水はなくなる。そうなれば餓死するか、攻め滅ぼされるのは必至……。

でも、単純に「死にたくなければ、生命懸けで戦え」と煽ったわけではありません。

危機的な現状を語りながらも、わずかながらも存在する希望を語って、皆に戦う判断をさせているのです。

勝家は一か八かで、突撃したわけではありません。まだ体力があるのだから、全員が必死の覚悟で突撃すれば、六、七割は勝てる、と読んでいました。

あとは一致団結して戦えるかどうか、が重要です。このおりの一杯の水は、それを可能にした結束の象徴でした。

このような逆境において、勝家のように問いかければ、部下は誰でもが勝負する方に賭けるでしょう。

危機に直面した時、リーダーの役割はチームの力を最大にして、危機を乗り越えることです。

どうすれば集約できるのか。この視点をつねに忘れなければ、きっと良い結果、逆転勝利は可能となるのではないでしょうか。

反省するところは反省する

リーダー：徳川家康、伊達政宗

リーダーには、失敗がつきものです。

状況を見誤って、間違った指示を出すこともあれば、自分自身のやり方がうまくいかず、事態を悪化させることもあるでしょう。

いずれにせよ大事なのは、誤ちをおかした後に、どう振る舞うかなのです。失敗した事実よりも、その後の行動でリーダーの価値は決まるといえます。

最悪なのは、己れの非を認めず、失敗に触れず、知らん顔をする態度です。部下をはじめ、周囲の人間はあなたの失敗に気づき、どんな言動をするかに注目しているのに、まるで失敗など「なかったこと」のように、振る舞うのはあまりよい手とはいえません。

その時、その場面では、誰も指摘しないかもしれませんが、心の中では皆が失望し、リーダー失格の烙印を押していることは間違いありません。

歴史上で活躍した人物は、自分の認めたくない非を自分で認め、公言できた人たちです。その好例が、天下人となった徳川家康でした。彼が数多《あまた》いた名将、智将、勇将をかき分けて、天下を取ることができたのは、反省するべきときに反省をしたからでした。間違った決断に対して、自分は何というバカなことをやってしまったのか、と自覚し、深く自省し、猛省したのです。

キレてしまった自分を反省し絵を描かせた家康

これもいまだに誤解している人が多いのですが、史実の家康は、今でいう〝キレやすい〟性格の人でした。気に入らないことがあれば、すぐ頭に血が上ってカッとなってしまいます。

これは血統であったようです。家康の祖父も、父親も、カッとなって家臣を罵倒し、その恨みを買って、二十代半ばまでに殺されています。

彼らはキレやすく、その場で見境なく「バカヤロー」と、家臣を怒鳴りつけていました。相手が幹部、重臣であっても、遠慮がありません。

今も昔も、衆人環視の中で叱りつけられたら、相手のメンツは丸潰れになります。

その結果、買わなくてもよい恨みを買って、謀叛を起こされ、叛臣にバッサリやられてしまうのです。

当然、家康は祖父と父の死の真相を知っています。家康も同じ体質でした。

しかし彼の場合は、幸か不幸か織田家と今川家で十二年間もの人質生活を送ったため、四六時中、監視される境遇にいたことになります。

気に入らないことだらけだったでしょうが、家康はキレるわけにはいきません。人質なのですから。この期間に、自分を抑える術を身につけたことが幸いしました。

人質になった時間も、このように考えればマイナスばかりではありませんでした。感情的になりやすいままの家康であれば、おそらくのちに天下を取ることは難しかったでしょう。否、祖父や父同様、二十代後半を迎えることはできなかったにちがいありません。

それでも時々、ふとしたきっかけで、家康はキレることがありました。有名なのは「三《み》方ヶ原《かたがはら》の戦い」のおりです。

当時、戦国最強といわれた武田信玄が、上洛をめざして進軍してきました。その途上に家康の領地があり、このおりの居城が浜松城(現・静岡県浜松市)でした。

信玄の目的は京都なので、浜松城にかかずり合ってはいられません。時間が惜しいので、城攻めは避け、徳川軍をつり出そうと考えました。この時、信玄が利用したのが家康のカッとなる性格でした。

「浜松城は無視して、上方で信長と雌雄を決する」

とのうわさを流したのです。

徳川の家臣団は勇猛でしたが、この時はさすがに正直ホッとしたはずです。援軍に入城していた織田家の部将たちも、籠城を勧めていましたから、なおさらです。

ところが、当の家康がブチギレてしまいました。

「自分の家の庭先を、土足で横切られて、黙っていられるか！」

激怒のスイッチが入ってしまったのです。こうなると、誰にも家康は止められません。

仕方なく、食事をしているとの情報を得て、奇襲攻撃に打って出たのですが、武田軍は三方ヶ原の高台を占めて、ゆったりと待ち構えていました。

結果は……いうまでもなく、家康軍の惨敗でした。

あの織田信長ですら、正面対決を避けつづけた武田軍です。そんな相手に、兵力で劣る徳川・織田連合軍が挑んでも、一方的に敗北するのは火を見るより明らかでした。

しかも、相手は計算ずくで待っていたのですから。散々にやられて、味方の兵を半分失いました。家康自身の生命さえ危うくなり、供回りの部将が次々と身代わりになってくれたおかげで、どうにか浜松城に逃げ帰ることができました。

このおりの家康は恐怖のあまり、鞍《くら》の上で脱糞するぐらい追い詰められていたのです。家康は決断を誤り、大敗をしました。

しかし、大事なのはその後です。

浜松城に戻った家康は、顔から鉄面を取り、兜を脱いで、烏帽子《えぼし》をつけました。

そして絵師を呼ぶと、敗戦直後の自分の姿を、そのまま描かせたのです。鉄面や兜を外したのは、自分の表情を明確に見せるためでした。

この肖像画は、のちに「顰像《しかみぞう》」と呼ばれることになります。家康は自分が必死で逃げてきた、恐怖に怯えた表情を絵師に描かせ、後日までも自らの戒めとして残したのです。

無論、この絵は家臣たちも見ています。間違った決断に対して、これ以上ないほど反省の態度を示したといえるでしょう。

世界史上でも、このような例はありません。勝者が自分の勝った姿を残すことはあります。逆に敗者を連れてきて、貶めるためにその姿を描かせたこともあるでしょう。しかし、敗者自身が自分の最もみじめな姿を絵にして残すなどということは、普通、考えられません。

今なら差し詰め、仕事で失敗した経営者が、直後にスマホで自らを撮影し、「今の俺の、ぶざまな顔をみてくれ」といって、写真をSNSで拡散するのと同じです。

反省した家康はこれ以降、無謀な戦いを自ら挑むことはありませんでした。

彼は遺言状でも、「天下を取った私ですら、ぶざまな負け戦をしている。子々孫々、ゆめゆめ勘違いをするんじゃないぞ」と戒めています。

許してほしいと部下に手紙を書いた政宗

家臣に対して、潔く反省を示した武将をもう一人、紹介しましょう。

「独眼龍」の異名を持つ、伊達《だて》政宗《まさむね》です。

ご存知、秀吉や家康などの天下人から一目置かれた奥州の覇王です。

政宗が反省したのは、家臣への〝暴力〟です。

今なら、パワハラとお考え下さい。

彼は酒席で、注意したことに対して言い訳をする蟻坂善兵衛《ありさかぜんべえ》という小姓《こしょう》を、脇差の鞘《さや》で強く叩いたのでした。

時代は現代ではなく、封建制のしかも戦国時代、つづく江戸時代ですから、弁解した小姓が折檻《せっかん》(厳しく叱ること)されるぐらいは当然だ、と思う人が大半の時世でした。

ところが政宗は、

「頭を叩いたのは私の間違いだった。傷が治ったら再び働いてほしい」

と手紙を書いているのです。自分の非を素直に認め、また元通りに働いてくれ、と気配りまで示しています。

意外かもしれませんが、封建主義だから主君が横暴に振る舞っていいわけではありません。そこを勘違いする武将は、いつか家臣に見放され、肝心な場面「死地」で助けてもらえないものです。

ましてや世は下剋上の真っ最中、いつまでも上下関係がそのまま維持できる保証などはありません。

自分の失敗を認め、反省を示し、部下に謝罪をする――。

部下に頭を下げるなんて、リーダーの威厳が損なわれるんじゃないか、などと思っていたならば、考え違いも甚だしいといわざるを得ません。

むしろ、正直であること、部下にへりくだれることは、このリーダーは信頼できる人だ、と部下から尊敬を得られる行為だと、考えるべきです。

とくに、「令和」の現在においては――。

念入りにシミュレーションする

リーダー：島津斉彬

偉業を成し遂げた歴史上の人物の話を聞くと、目の前で起こるトラブルを快刀乱麻《かいとうらんま》を断つごとく解決して、成功に導いているように感じます。

しかし、彼らとて万能ではありません。

何の準備もなく、アドリブですべてに対応できるはずはないのです。

行き当たりばったりで、物事に取り組んでいるのではなく、実は入念にシミュレーションをくり返した結果、大きな実りを手にしていたのです。

能力に恵まれても準備を怠らなかった名君斉彬

――シミュレーションを、駆使した人物を紹介しましょう。

薩摩藩の十一代藩主・島津斉彬《なりあきら》です。西郷隆盛の器量を見抜き、抜擢した人物としても知られています。

なにしろ斉彬は、頭脳明晰《めいせき》な賢い殿様でした。当時、三百諸侯といわれる大名がいる中で、「英明第一」と称された人物です。

彼は、隣国清《しん》におけるイギリスとのアヘン戦争の顚末《てんまつ》＝清の敗北を知り、次は日本が危うい、と懸念します。

大国だった清がイギリスにアヘンを売りつけられ、拒否したことを端緒に戦争となり、清がボロ負けしてしまいました。

当時、陸軍だけで八十八万の軍隊を擁していた清が、のべにしてたった二万人のイギリス軍に、コテンパンにやられてしまったのです。

じつに四十四倍もの兵力差を、ひっくり返されたことになります。イギリスの勝因、勝利の秘訣はどこにあったのでしょうか。

イギリス軍の強さを、斉彬は徹底的に研究しました。

四十四対一で、なぜ一が勝てるのか？　蘭書を取り寄せ、蘭学者に話を聞いて、彼はついに「鉄砲と艦船」の差だった、と技術的な結論を出します。

さらに、斉彬の凄さは、ここで納得せずに技術の根幹を探った点にありました。

「要は物理と科学、この二つに日本は遅れをとっていたのだ」

と彼は断じました。そのうえで、

「中央集権国家を創らなければ、今の封建制のままでは日本も清国の二の舞いとなる」

と論を進め、では、どうすればよいのかを考えました。〝日本〟という国家を創り、日本人一人ひとりが自分の国を守るという気概を持たねばならない。

斉彬の先見性は、その先も見据えていました。

「欧米列強が日本を占領併合すべくやってくる。日本を守るためには、国を一つにして、殖産・興業・強兵・海運を開発して、威力を海外に示すしかない」

実際に斉彬は、薩摩藩の領内に集成館《しゅうせいかん》の化学工場群、造船、砲台、反射炉などを建設し、来たるべき日に備えました。

また中央集権化を推し進めるために、三千の薩摩藩兵を率いて上洛し、その武力で江戸の幕府を改革するという、プランも立ち上げています。

残念ながら斉彬は、その途中で亡くなってしまい、自身は陣頭に立てませんでしたが、討幕して新たな政府をつくるというこのプロジェクトは、家臣の西郷や大久保利通らによって引き継がれていきました。

斉彬ほど能力に恵まれた人でありながら、彼はより以上の努力を傾けて、先へ、先の先へと来たる日に備えてシミュレーションをくり返していたのです。

けっして魔法を使って、一気に問題を解決したわけではなく、何度も試行錯誤をくり返しながら、対策を準備していたのでした。

だからこそ現場でも、それに順じて即応することができたというわけです。西郷しかり、大久保しかりでした。

トラブル対処法 十

先人に学ぶ

リーダー：北条義時

初めてリーダーになったときは、誰であれ初心者です。最初から万事、うまくできるわけではありません。

ただ、いずれリーダーになる心づもりで、優れた上司のやり方を見て学んだり、本を読んで吸収したりしていた人と、何も準備をしてこなかった人が、突然リーダーに指名されるのとでは、リーダーになった直後の成果に、大きな差がついてしまうようです。

鎌倉幕府の二代執権である北条義時は、リーダーになる覚悟と学びができていた人物、といえるでしょう。

義兄・源頼朝や父・北条時政を見て学んだ義時

北条義時は、伊豆の豪族といっても弱小の、北条時政の次男であり、源頼朝の妻・北条政子の弟にあたります。

治承《じしょう》四年(一一八〇)八月、十代だった義時は、父・時政、兄の宗時と一緒に、頼朝の挙兵に従いました。

しかし、肝心の石橋山の戦いで、まだ兵力が十分でなかった頼朝軍は、平家方の大庭景親《おおばかげちか》の軍勢に大敗を喫してしまいます。その敗走時に、宗時が戦死したことはすでに触れています。

そのため義時は、自分が北条家の嫡男の立場となり、ゆくゆくは家長になるのだ、と意識を持ったかといえば、史実はそうではありませんでした。「江間」という姓と共に、義時は北条家から外されているのです。分家扱いです。つまり、北条家の次期当主は未定のままでした。

それでも義時は、武士の政権を築こうとしている義兄・頼朝や、彼を補佐する父・北条時政を見て、多くを学びながら成長しました。

ところが、鎌倉幕府が誕生し、武士の世がこれから始まる、という矢先に、頼朝が不慮の事故で死を遂げ(落馬が原因?)、二代、三代の将軍となった頼朝の子供(頼家《よりいえ》・実朝《さねとも》)が、つづけて擁立されては倒れるという、事態となってしまいます。

おまけに義時は、頼りにしていた父・時政が、執権となって権力を握ると暴走し始めたため、これを追放するハメに……。

たまたま、それがやれる立場と力量を持っていたため、仕方なく新たな執権になった義時が、そのまま実質的な鎌倉幕府のリーダーとなっていったのです。

ですが、彼には、リーダーとなる覚悟も、心の準備も不十分でした。

このあたり、「令和」の昨今とよく似ているように思います。「昭和」までのリーダーは、踏むべき手順に従い、しかるべきポジションを経験して、リーダーとなる心構えや身の処し方を会得したものですが、最近は人手不足やＩＴの導入などによって、いきなりリーダーに指名される人も増えてきました。

義時は「こんなことなら、もっと頼朝さまや親父(時政)に学んでおけばよかった」と臍《ほぞ》を噛《か》んだ(後悔した)かもしれませんが、彼には辞退するという選択肢は与えられず、自らの運命を背負うしかありませんでした。

なぜならば、幕府は問題が山積しており、頼朝の血脈が将軍から消えてしまったことは、そのまま幕府の存続意義が失われることにもつながりかねなかったからです。

一方、鎌倉幕府を潰して、再び王朝の世に戻そうとする後鳥羽上皇は、一気に攻勢に出ます。この上皇は自身で刀を打ち、文化教養に加え、剣術も馬術も弓術もできるといったスーパーマンのような人物でした。

上皇は、鎌倉幕府に宣戦布告します。武家政権を倒し、再び天皇中心の世の中に戻そうとしたのです。世にいう「承久の乱」です。

鎌倉幕府の執権として義時は、ここで朝廷に屈するわけにはいきません。結果として朝廷に弓を引く形になりました。その際、姉の政子が鎌倉の御家人たちに檄を飛ばしたのは有名です。

「頼朝公による恩は山よりも高く、海よりも深い」

政子が泣きながら訴えた、という演説です。

鎌倉の御家人たちに対して、「今の生活ができるのは幕府のおかげでしょう。その恩を忘れていませんよね」と皆に語りかけたわけです。これで御家人の士気は、大いに高まったといわれています。

義時が鎌倉から動かなかったのは頼朝から学んだ知恵

この時、義時には選択肢が二つありました。

一つは、朝廷の軍を箱根の関で待ち構えて迎え撃つか、もう一つはこちらから京都に攻め上るか、です。

軍議を開いてみると、上皇に弓を引くのは畏いので、迎え撃つ方がいい、という消極的な意見が大勢を占めました。

しかし、重臣の大江広元《おおえのひろもと》が「そんな消極的な姿勢で戦をしたら、必ず負けるぞ。一気に決着をつけるためには攻め込むべきじゃ」と主張しました。

義時はその意見を採用します。攻撃は最大の防御といいます。

ただし彼は、大遠征軍を編成しましたが、自身は総大将にはならずに、息子の泰時《やすとき》を据えました。

幕府軍は朝廷軍を破り、京都を制圧します。後鳥羽上皇をはじめ順徳《じゅんとく》上皇、土御門《つちみかど》上皇の三人、上皇たちを支持した公家たちを一斉に遠島処分としたのです。

筆者は勝因の一つに、義時が鎌倉を動かなかったことが大きい、と見ています。

彼が鎌倉を離れて遠征軍を指揮すれば、後鳥羽上皇に調略された関東の御家人によって、鎌倉が分裂させられ、襲撃されていた可能性がありました。

もし鎌倉を奪われれば、京と鎌倉の二大拠点を押さえられ、義時は途中で敗北し、北条家は滅亡したに違いありません。

これは平家追討の際に、源頼朝が鎌倉を動かず、義経たちに戦いを任せたやり方に倣ったのだろうと思います。

リーダーになる前に、どれだけの準備ができていたか。

あるいはリーダーとなってから、これまで仕えた先人の言動を、どれだけ振り返ることができるか。

これがいかに重要なことであるか、ご理解いただけたのではないでしょうか。

【日本史コラム】
失敗したリーダー 二

独断専行して失敗した

リーダー：日高壮之丞

リーダーにはときに、大きな裁量権が与えられることがあります。

とくに昔は、通信手段が限られていたため、やりとりに時間がかかり、本部の細かい指示を受けてから動く余裕はありませんでした。

例えば、「羽柴」時代の豊臣秀吉は、織田信長の命を受けて中国方面軍を率いて戦うわけですが、いちいち次はどうすればいいでしょうか、と遠く離れた信長に聞くわけにはいきません。

ひとたび戦端が開かれれば、その進攻方法に関しては現場のリーダーに任されるのが普通でした。

しかし、時代が移り、近代に近づくにつれ、通信手段は進化しました。そうなると、前線のリーダーが自由に戦う場面は減ってきます。

それで割りを食ったのが、「明治」の海軍大将である日高壮之丞《そうのじょう》でした。

優秀なのになぜ、日高は出世できなかったのか

日高壮之丞は日清戦争に巡洋艦の艦長として参戦し、戦功をあげています。

そして、ついに常備艦隊の司令長官に任命されました。

この常備艦隊が、開戦となると「連合艦隊」に衣《ころも》がえするわけですから、日高は普通ならば、そのまま日露戦争で、連合艦隊司令長官になってしかるべきでした。

しかしそうはならず、東郷平八郎が選ばれました。

東郷と日高は、ともに薩摩藩士です。互いに若い頃からライバルとして意識し合っていましたが、最終的に海軍で出世したのは日高でした。

東郷は体が弱く、ときおり休職することもあり、絵に描いたようなボッケモン（怖いもの知らず、大胆な人）で明るい人柄の日高は、将官はもとより一兵卒にまで人気がありました。

人間味豊かで人望のある日高は、東郷より優秀な艦長だったかもしれません。が、

連合艦隊のリーダーには選ばれませんでした。その理由は、日高には協調性が足りなかったからです。

日高は個人の能力が、抜群に高い人物でした。そのため、自尊心も強く、部下のいうことを聞きません。独断専行の強い人でもありました。

だから彼は、中央のコントロールに従わないのではないか、といよいよ開戦が迫ると、海軍省の中で危険視されたのです。

当時の戦争は、すでに個人の判断で動かせる規模ではありませんでした。とくに連合艦隊ともなれば、海軍全体で勝利をめざすわけですから、個人プレーは許されません。

いざ大海原《おおうなばら》の戦場に出て、日高が独断で動いたら、艦隊の連携が崩れてしまい、とんでもない事態に陥るかもしれません。

ですから海軍省では、大本営の指示に従う人物として、東郷を司令長官に据えたのでした。

ちなみに日高は、舞鶴鎮守府《まいづるちんじゅふ》（現・京都府舞鶴市）司令長官へ更迭されています。

個人プレーを優先しがちな人は、この局面ではそれが許されるのか、許されないのかを、つねに判断することができません。

そのため能力がありながら、リーダーになれない人も多いのです。

一方で、上司の指示を聞いてばかりいるのも、いかがなものかと思います。

すでに述べたように、東郷はバルチック艦隊への対処を、最後は自らが決しました。

リーダーには双方の、バランス感覚が求められているようですね。

第三章

CHAPTER03

コミュニケーションの取り方を変えてみる

リーダーはバカの方がいい。
賢く振る舞ううちは二流

余計なことをいわない

リーダー：東郷平八郎

リーダーが明るい人だと、それだけでチームメンバーの士気は高まります。

日露戦争の日本海軍＝連合艦隊司令長官・東郷平八郎は、自身は地味で面白みのない人でしたが、明るい空気をつくるのがうまいリーダーでした。

東郷は職場を明るくする工夫に加えて、運のいい男ともいわれていました。

海軍大臣の山本権兵衛《ごんのひょうえ》も、明治天皇になぜ、東郷を司令長官に任命したのか、その理由を聞かれて、「東郷は運のいい男だからでございます」と答えています。

実際、東郷は戊辰《ぼしん》戦争以来、日本のかかわったすべての戦役に出撃していながら、無事に生き残ってきた人物でした。

運は呼び込むものです。能力に関係なく、歴史上の人物をみていますと、幸運は呼び込むものだ、と確信できます。

逆ないい方をすれば、明るく、楽天的で、なにごともポジティブに向き合っていれば、

〝不運〟が寄ってこないともいえます。

そして運のいい人の下には、良き人材が集まります。その中から能力の高い人を選んで仕事を任せれば、リーダーは能力に関係なく成功者、勝利者となり、その組織は強固なものとなるでしょう。

東郷のひと言「おしゃる通りです」

東郷は、場の空気が悪くなるような言動は、常に慎みました。自分が我慢して済むものなら、余計なことはいわない、と決めていたようです。

それでなくとも、当時の薩摩隼人《はやと》(鹿児島県人の男性)は片方の頬で笑うのが、三年に一度といわれていました。

さて、その一例を紹介しましょう。

実は東郷は、日清戦争の最中に〝イギリス商船〟を撃沈してしまったことがあります。イギリスは敵ではありません。ましてや、当時、日英同盟を懸命に模索していた日本です。しかも船は商船、軍艦ではありません。全面的に、東郷側に非があるように思われます。

ところが、このイギリス商船には、清国の兵士が詰め込まれていました。そして商船はイギリスの国威を嵩《かさ》に、そのまま東郷の軍艦の前を通り過ぎようとしたのです。日本の軍人としては、見過ごすわけにはいきません。

それでも東郷は、いきなり乱暴に攻撃したわけではありませんでした。国際法に則って、粛々と手順を踏んで行ったのです。

まずは、停船命令を出します。

「当方の敵は清国兵だけなので、イギリス人は全員、即時、船を離れよ」

と明確に指示しています。そのうえで「撃沈します」と通告し、実行しました。

ただし、戦争の当事国ではないイギリスの商船を沈めたわけですから、後日、国際問題になりました。調査の結果、国際法上は東郷のやり方に問題なし、と判断されました。にもかかわらず、その後になって上司である海軍大臣の山本権兵衛が、

「国際的な非難は回避できたけれど、東郷君のやり方には一つだけ問題がある。撃沈する前に、なぜ、イギリス国旗を降ろさせなかったのか。そうすればイギリスの世論は、あれほど騒がなかったであろう」

と指摘したのです。

確かにそうかもしれませんが、今更いうのは、後だしジャンケンのようなもので、難癖といえなくもありません。

そもそも交戦中という非常事態で、完璧な手順を踏むことは相当難しいことです。普通なら反論するか、少なくともムッとして不服そうな態度を取ってしかるべきでしょう。

けれども東郷は、反論することなく、素直に「おっしゃる通りです」と答えました。これこそ東郷を認めた山本の、求めたリーダーの資質でした。

もしもこれが、前出の日高壮之丞であれば、こうはいきません。「後からなら、なんとでもいえる。こっちはとてもそんな状況じゃなかったんだ」といい返したことでしょう。

もちろん、上司のいうことを何でも、黙って聞いていればいいというわけではありません。しかし国際法上問題ない、とわかった以上、上司の嫌みに反論したところで相手を怒らせ、その場に同席している人たちの後味を悪くするだけです。

そこまで考えたうえの「おっしゃる通りです」には、東郷のリーダーとしての強い覚悟を感じます。

コミュニケーションの取り方 二

バカに見せる

リーダー：毛利敬親、大山巌

新しい企画を出しても、改善提案を出しても、上司からダメ出しされて、ことごとく却下されるのはつらいものです。自分自身が否定されているような気分になり、上司に対しても腹が立つのは当然です。

では、逆に全部OKを出されたらどんな気分でしょうか。

それも、リーダーとしての一つのあり方なのです。

実際に、そのやり方で幕末の難局を生き残ったのが、長州藩のリーダー＝藩主の毛利敬《たか》親《ちか》でした。

肝心なところでは意思を示した毛利敬親

彼は常々、家臣からの意見や提案に対して、現代のSNSでいう「いいね！」を連発しつづけました。誰にでも「そうせい（それでよい）、そうせい」と答えたため、陰では〝そうせい侯〟とあだ名されていたほどです。

そのためでしょうか、今も敬親は無能なリーダーだった、と決めつけられています。

確かに彼は、そうやって激動の幕末を乗り切り、明治維新を迎えました。

まるで木偶坊《でくのぼう》か「イエスマン」のように思えるかもしれませんが、当時の敬親の立場からすれば致し方がなかったのです。なにしろ自分の藩が尊王攘夷の総本山のようになってしまっていいます。諸国から得体の知れない浪人者が集まってきて、藩士も過激な思想に染まってていました。

その一方で、重臣たちは旧来のように幕府に従おうとしています。

いわゆる「正義派」（改革派）と「俗論派」（保守派）が真っ向から対立する構図となり、事態はまさに一触即発の状況でした。

ここで重要なのは、どちらか一方に信念をもって快諾を与えていれば、リーダー敬親は間違いなく反対派に殺害されていた、という確信です。

藩主であっても、この藩に限っては例外とはなりませんでした。

だから、「倒幕を果たしましょう」といわれれば「そうせい」ですし、「幕府に従いましょう」にも「そうせい」と返す以外に、敬親の生き延びる道はなかったのです。

うかつな発言でどちらかに与したように見えれば、反対派の家臣はもちろん、自分の生命も危なかったのです。

後世になって、「毛利敬親は無能で、あんなアホな殿様はいなかった」と悪しざまにいう人は、そのあたりの事情の汲み取れない人かもしれません。

しかし、改めて敬親の言動を検証してみますと、彼が単なる日和見《ひよりみ》主義者、事なかれの人ではなく、主張すべきことは主張していたことが知れます。

例えば〝安政《あんせい》の大獄《たいごく》〟のおり、江戸で捕まって長州藩領に送り返されてきた吉田松陰を、敬親は決して殺しませんでした。本当に凡庸な藩主なら、幕府や俗論派の顔色を伺って、あっさりと死罪に賛同したことでしょう。

そうはせずに、ほとぼりが冷める頃を見計らって、敬親は松蔭を牢から出しています。彼は有用な人間を追い詰めない人でした。松蔭は過激な人ではありましたが、敬親はその能力を評価して、活かして使っています。

考えてみれば、松蔭を大事にしたことで、その私塾・松下村塾《しょうかそんじゅく》に学んだ塾生たちは、敬親を信頼しました。

高杉晋作のクーデターも、「藩主のために」という大義名分で行われています。敬親も彼らの信頼に応え、両派閥の動きをみながら、四カ国連合艦隊による下関砲撃＝馬関《ばかん》戦争の戦後の交渉人として、高杉を抜擢しています（通訳は伊藤春《しゅん》〈俊〉輔《すけ》＝のちの博文がつとめました）。

敬親は「そうせい、そうせい」といいながら、実は絶妙に組織のバランスを取り、各々の力が発揮できるように、と配慮していたのです。

賢く振る舞っているうちは二流のリーダー

日露戦争で陸軍＝満州軍総司令官をつとめた大山巌《いわお》（薩摩藩出身）も、現場ではバカにされていた人物ですが、本来の彼は、理数系の頭脳明晰な秀才タイプの人間でした。

江戸時代の兵学者・江川太郎左衛門《えがわたろうざえもん》（諱は英龍《ひでたつ》）の下で西洋流砲術も学んでいます。そのうえ、大山は自ら「弥助《やすけ》（大山の通称）砲」という大砲さえ考案し、設計も自ら手掛けていました。

しかし、その頭の良さを彼は、部下の前で一切ひけらかしません。むしろアホを演じるかのように、ふだんはボーッとしており、才走ったところをみせませんでした。

苦戦した日露戦争の、二百三高地の攻略戦でも、総司令官でありながら大山は、何一つ口を挟みませんでした。実質的な戦闘は、第三軍司令部にすべて任せていました（司令官は乃木希典《のぎまれすけ》＝長州藩出身）。

そもそも総参謀長の児玉源太郎《こだまげんたろう》（長州支藩の徳山藩出身）から、満州軍総司令官への就任を依頼された際に、大山は「勝っている時は、あなたにすべて任せる。ただし、負け戦《いくさ》になったらわしに任せてほしい」といい、それが引き受ける唯一の条件となりました。

では、大山は戦地で毎日、何をしていたのでしょうか……なんと彼は、漬物を漬けていました。朝早く起きてきて、お日様を拝みます。昼寝を日課にしており、めったに会議にも出ません。訪問者にも、「今日はうまく漬けたよ」といって、漬物をふるまっています。

総大将なのに〝蝦蟇坊《がまぼう》〟などというあだ名をつけられ、将兵に陰口を叩かれていました。でも、ここぞという場面ではリーダーシップを発揮しています。

奉天《ほうてん》（現・遼寧省瀋陽市《りょうねいしょうしんよう》）の会戦後に、ロシア軍が逆襲に転じてきました。満州軍の優秀な参謀たちの想定を超えた攻勢です。参謀本部はパニックに陥りました。どうしたらいいかわからず、参謀たちは殺気立って、誰が悪い、彼がどうのという、不毛な怒鳴り合いまで始める始末です。

そこへ、大山が姿を現しました。昼寝から起きてきたのです。

彼は開口一番、「朝から大砲の音がうるさいけれど、どこぞで戦闘でも始まりましたか」と尋ねました。

あまりに呑気な発言であり、総司令官の台詞とはとうてい思えません。

参謀連中も、「何をバカなことをいっているんだ」と思いました。しかし、その瞬間に、一同の頭に上っていた血がスーッと下がったのです。皆で顔を見合わせて苦笑いすると、彼らは一斉に、冷静に対処すべく頭を切り替えました。

これぞ、いざという時に頼りになる将帥学《リーダーシップ》です。

賢く振る舞っているうちは、真のリーダーとはいえないのかもしれません。

まさに、能ある鷹は爪を隠すのです。

部下のわがままを受け入れる

リーダー：孟嘗君

中国戦国時代の、斉《せい》の宰相である孟嘗君《もうしょうくん》は、懐《ふところ》の深い人物として、後世の日本でも慕われた英傑でした。

彼は、多くの食客《しょっかく》を養っていました。

一説に三千余人といいます。

食客とは、いざという時に、主人のために生命を投げ出して働く浪人たちのこと。生死をかけて働く代わりに、彼らは日頃の衣食住を主人から保証されていました。孟嘗君は一芸に秀でてさえいれば、誰でもかれでも食客にしました。足が速いとか、鶏の鳴き真似が上手いとか、コソ泥でも飯を食わせていたのです。

部下はいいたい放題。でも孟嘗君は怒らない

ある日、知人から馮諼《ふうけん》(馮驩《ふうかん》とも)という男を食客にしないか、と紹介されました。

「彼は何が得意ですか?」

孟嘗君の質問に、紹介者は明快な説明ができませんでした。

そこで孟嘗君は、馮諼を大した人物ではないと判断し、粗末な野菜の食事をあてがいました。

食客にも待遇のランクがあり、馮諼は最低ランクの待遇を受けたわけです。

すると彼は、長剣を叩いて歌い出します。

「長剣よ、帰ろうか。長剣よ、帰ろうか。俺には魚を食わせない」

タダ飯をふるまってもらう立場なのに、馮諼は待遇に不平を述べたわけです。

しかし、その報告を受けた孟嘗君は怒りませんでした。

ならば、と馮諼の不平を聞き入れて、彼を魚付きの食事が出る待遇に昇格させました。

これなら満足するに違いない、と。

ところが……。

「長剣よ、帰ろうか。長剣よ、帰ろうか。外へ出るのに車もない」

またしても不満をいう馮諼に、家の者は激怒しましたが、孟嘗君は彼に車を与えます。

ランクをまた一つ、上げたのでした。

それでも馮諼は、満足するどころか今度は、「これでは母を養えぬ」などと歌い出します。

食客の立場で、自分の家族まで面倒を見ろというのです。

さすがに、「もう追い出しましょう」という家人の声も多く出たのですが、孟嘗君は馮諼の母親に月々の費用を与えました。

ついに、馮諼は長剣を抱いて歌わなくなりました。

さて、それからのちのことです。

孟嘗君が領地の薛《せつ》で、領民に貸した金の取り立てをやってくれる者はないか、と食客に募集すると、件《くだん》の馮諼が名乗りをあげました。

孟嘗君が大量の証文を渡すと、彼はいいました。

「貸金の取り立てが済んだら、何か買って帰りましょうか？」

孟嘗君は、「私に不足しているものがあれば、それを買ってきてほしい」と、馮諼に頼みました。彼は大きくうなずき、出発します。

さて、薛に到着した馮諼は、負債者全員を集合させていいます。

「おまえたちには、もう借金はない」

そして証文の束を見せると、その場ですべてを焼き捨ててしまったのでした。

馮諼は孟嘗君に依頼された取り立てをせず、何も買い物もせずに、都に戻りました。

それでいて馮諼は、孟嘗君に堂々と報告しました。

借金の取り立てに行きながら、証文をすべて焼いて一文も回収しなかった、と。

そのうえで、こうも付け加えたのです。

「――この邸に唯一不足している、〝恩義〟を買ってまいりました」

と。

今回ばかりはさしもの孟嘗君も、激怒するかと思われましたが、彼は自らの怒りを押し殺して、「うむ、まあいい」とこの一件を不問に付《ふ》しました。

それから、一年後。

孟嘗君は斉の王と折り合いが悪くなり、宰相を辞任することになります。すると、どうでしょう。生命を預けていたはずの食客たちは、一斉に姿を消してしまいました。

その浅ましさに怒り、落胆した孟嘗君は、都を追われるようにして自領の薛をめざします。あと百里の手前というところまで来ますと、多くの領民が孟嘗君を出迎えて待っていました。

この逃避に姿を消さずに同行していた馮諼が、ニコッと笑います。

これこそが、一年前に彼が買ってきたという恩義でした。孟嘗君にとって薛は、安住の地となりました。

馮諼の無礼な行動に決して怒らず、彼を信頼しつづけたことが、後に孟嘗君にとって大きなプラスになったわけです。

このような関係は、現代でも成り立つことでしょう。

もちろん、リーダーは部下の行動をすべて受け入れる必要はありませんが、もしあなたが部下の悪いところばかりを見てしまっているならば、この孟嘗君の事例を思い出してください。

きっとイヤだな、と思う気持ちが収まるはずです。

この人を信じてみよう、と思ったら、徹底して相手を信じて、信じ抜くことも一つのリーダーシップかもしれません。

もし馮諼に示した孟嘗君ほどの徹底があれば、いかなる性格の人でも、自分はこの人に信じてもらえている、と思うのではないでしょうか。

歴史の世界は雄弁に語っています。クセのある人や性格に歪みのある人ほど、己れを認めてくれた上司には、生命懸けで尽くすものだ、と。

要は、リーダーの度量ということになりそうですね。

コミュニケーションの取り方 四

場を和ませる

リーダー：西郷隆盛

仕事が佳境になると、チームにはピーンと張り詰めた空気が漂うものです。ましてや、あと少し、という苦しい局面では、軽口を叩いている余裕はありません。それは一緒にいるリーダーも同じ……とは、考えないでください。チームがピンチで、メンバーが疲弊している場面でこそ、リーダーがその場を和ませる必要があるのです。

部下の和ませ方が上手だったのが、西郷隆盛です。前述の大山巌は、幼少期から西郷に薫陶《くんとう》を受けた従兄弟でもありました。

西郷は上野公園の、銅像の印象からか、常に軽装のイメージがありますが、幕末、他藩の人と会う時には、いつも袴を着けて礼儀正しく対面していいます。

反面、部下や心許した仲間と接する時は、フンドシ一つで相撲をとるなど、非常に打ち解けた感じを見せました。

そんな西郷のリーダーシップが発揮された、エピソードの一つを紹介します。

疲れ切った兵士を爆笑させた西郷のひと言

征韓《せいかん》論争に敗れ、故郷の鹿児島に戻った西郷隆盛でしたが、彼を慕う士族が決起し、ついに西郷は政府軍と戦うことになりました。

西南戦争です。

この戦争は、これまで数々の戦いを率いてきた西郷にとっては、開戦以来、勝敗を度外視したような、不思議な戦《いくさ》でした。

何より幕末戦争であれほど勝ちにこだわった戦い方をした西郷が、西南戦争ではまったく戦術について発言をしていません。

すべてを桐野利秋《きりのとしあき》(前名・中村半次郎)に任せ、それもあってか田原坂《たばるざか》(現・熊本県熊本市北区植木町豊岡)の攻防戦で敗れて以降も、西郷は沈黙を守ったまま。

敗走をつづけた西郷軍(薩軍《さつぐん》)は、故郷である鹿児島に戻ることになりました。

しかし、すんなりとは帰れません。政府軍の重包囲を避けるため、可愛岳《えのだけ》越えを実行することになったのです。

そこは断崖絶壁で、人跡未踏の地――。

この難所を夜陰に乗じて、草につかまりながら、這うようにして、皆は登っていきます。

兵士は疲れ切っているし、進軍はなかなかはかどりません。

そんな中、西郷がポツリとひと言漏らしたのです。

「まるで夜這《よば》いに行くみたいだな」

と。

周囲は大爆笑となり、瞬間、士気も大いに上がりました。

おかげで一行はそのまま、難所を一気に乗り切ることができたのです。

追い詰められたときに、みんなの沈むムードを一気に変えられる人間は、優れたリーダーといえます。

とくに危機の場面に人々を和ませるのは、修羅場をくぐってきた人間でなくてはできない行動です。

「死地」に追い詰められて、「自分だって大変なんだよ！」と嘆き、キレるような人は、間違ってもリーダーになってはいけない人といえるでしょう。

ちょっとした言葉でいいのです。

自分がいわれたら気分がラクになる、と思うひと言を、部下や同僚に、ここぞという時にかけてあげれば、それでいいのです。

しゃべらない

リーダー：織田信長、上杉謙信

リーダーはかならずしも、社交的とは限りません。

例えば、織田信長はほとんど口を利かない人でした。

無口といって、いいでしょう。

部下からいろいろと報告を受けても、「であるか」のひと言で済ませてしまいます。

それでも問題が起きなかったのは、常日頃から別途、情報の伝達やコミュニケーションの取り方を、信長は彼なりに工夫していたからでしょう。

上杉謙信もコミュニケーションを取るのが、大の苦手でした。

ハッキリいうと、リーダーとして不適格であったかもしれません。

謙信は七歳から寺に入っていましたが、長兄の当主・晴景《はるかげ》がたよりなく、十代で謙信は長尾家(のち上杉家)の当主に迎えられました。

僧になるつもりだったので、学問と仏法は積みましたが、国を治める政治は学んでいませんでした。

ですから、当主になっても家臣を導こうとか、マネージメントするという意識が希薄であったといえます。

部下とのコミュニケーションも積極的にはとっていません。否、とり方がわからないのです。ふだんは無口のまま、ただ座っていました。

酒が好きで、家臣たちと飲むことはありましたが、謙信は愉快に騒いだりはしません。手酌酒で独り飲むことも、珍しくありませんでした。

また彼は、暇さえあれば毘沙門《びしゃもん》堂に籠っています。

社交的でない謙信のコミュニケーション手段

そのため、先述したように、家臣団を取りまとめることに嫌気が差して、国主の座を放り出したほどです。

「出家する」という置き手紙をして、越後から逃げ出したのです。

でも、謙信に逃げられたからこそ、家臣はこういう無欲な人こそ国主として必要だったのだ、とはじめて理解し、反省しました。

必死で後を追いかけ、戻ってくるように、と謙信を説得したのです。

「俺は政治など、やりたくないのだ。国主に何の未練もない」

「わかりました。お館《やかた》さまは、越後が生き残れる方法だけをお考えください。あとは我々が……」

結果的にこの一件は、上杉家の結束を強めました。

謙信が逃げたことは、一つの意思表示であったといえます。

自分はこうしたい、こういう気持ちなんだ、と部下に伝えることができたから、越後はまがりなりにも一つにまとまったのです。

コミュニケーションや伝え方は、人それぞれです。

最初から完璧に、いかなる人にも意思疎通できる、などという人はいません。

もし、あなたが、社交的でないのであれば、決して下手に誤魔化そうとしない方がいいのです。無理して社交的にふるまってみても、どこかでボロが出て失敗する可能性が高いものです。

違う自分を装うと、相手から不信感を抱かれます。

関係をこじらせないためには、コミュニケーションの初歩＝嘘をいわないことです。

無口な人がそれでも懸命に、訥々《とつとつ》と喋る姿に人は感動します。

コミュニケーション能力が低くても、嘘をつかずに一生懸命に話せば、相手は好感を抱いてくれるものなのです。

逃亡しても推戴された、リーダー＝上杉謙信のような人もいたのですから。

部下を頼る

リーダー：源頼朝

リーダーが部下を頼るのは、恥ずかしいことでも何でもありません。

むしろ、優れたリーダーほど、部下を頼って、成功率を高めています。

鎌倉幕府の初代将軍・源頼朝がそうでした。

頼りなさを隠そうとするリーダーに人は従わない

第一章や第二章でも紹介しましたが、源頼朝が平家に対して挙兵した時、味方についてくれる御家人はほとんどいませんでした。

そもそも頼朝は、猜疑心《さいぎしん》が強い人間です。

父親と兄たちを味方の裏切りによって殺され、そのうえ自身も平家に売られて流人となったからです。

しかし、決起した以上、味方の豪族＝武士を疑ってばかりもいられません。

そこで頼朝は、味方に馳せ参じてくれた人間を、一人ずつ部屋に呼びます。

そして、「お前だけが頼りだ。よろしく頼むぞ」と、頭を下げたのでした。


リーダーになると、自分の頼りなさを隠そうとする人が多いようです。

確かにその方が一見、威厳を保てるように思うかもしれませんが、実際は自分の頼りなさをオープンにする人の方が、部下はついていきやすいものなのです。

この人には、自分のようなものでも必要なのだ、と考えるからです。

頼朝の場合、石橋山の戦いで負け戦になって逃げる時も、ほとんどの味方は離れずに付いて行きました。

どんな時代でも信頼できるリーダーは、己れをさらけ出してくれる人、といえるかもしれません。


あなたがもし、なりたくなかったけれども、成り行き上リーダーにされてしまったのなら、明確にそのことを表明してください。

「私はリーダーになりたくなどなかったけれども、なってしまいました。皆さん、どうか助けて下さい」

関東の武士たちが頼朝に従って、鎌倉幕府を創立させたのは、頼朝が自分たちを頼ってくれている、との思いが武士たちに伝わり、その思い、その意気に応えたわけです。あるいは、自分たちこそ頼朝を棟梁にしているのだ、との自負心がエネルギーの根源にあったのかもしれません。

頼られた部下に支えられるリーダーも、立派なリーダーなのです。

【日本史コラム】
失敗したリーダー 三

先代と張り合って失敗したリーダー：武田勝頼

リーダーはつねに、前のリーダーと比べられる運命にあります。

「――前のリーダーのやり方の方がよかった」

「――先代と比べて、今の社長は頼りない」

耳を塞ぎたくなるような陰口をいわれたり、先代リーダーの偉大さを説かれ、直接批判されることもあります。

その際、ムキになっていい返すのは感心しません。

なぜならば、先代のリーダーはもう、その場にはいないのですから。

あなたが戦うのは、先代の思い出――この思い出には実体がなく、しかも記憶するメンバーの心の中で、日増しに大きくなっていきます。

でも、あなたの実態は変わらない。張り合えば張り合うほど、分《ぶ》が悪くなるのです。

信玄に勝つためにムダな城攻めをした息子・勝頼

ところが、優秀なリーダーに限って、

「いや、俺は絶対、先代に勝《まさ》っているはずだ」

と、ますますいきり立ちます。

戦国武将の武田勝頼《かつより》は、その罠に陥ってしまった一人でした。

彼の父親である信玄は、〝戦国最強〟と呼ばれた名将です。

でも勝頼本人も、戦国時代で五指に入れてもいいくらい、優秀な人物でした。

その優秀さゆえに、素直に先代を認められなかったのでしょう。

信玄は勝頼に、「合戦のための、合戦をするのは愚かなのだぞ」といい残しました。

しかし勝頼は、この父の戒めを守ることができませんでした。

一面、信玄と競おうとした勝頼の心情にも、無理のないものがあったのです。

なにしろ勝頼は一度、家臣の列に連なったことがありました。後継者であった兄・義信《よしのぶ》の失脚で、父の跡を継いだものの、なかなかかつての同僚＝現・部下たちは勝頼をリーダーとして認めようとしませんでした。

そのことに腹を立てた勝頼は、信玄ができなかったことをやってみせて、自らの実力を証明しようとしたのです。


例えば、高天神城《たかてんじん》(現・静岡県掛川市)の攻略でした。

この城は、生前の信玄をもってしても落とせなかった堅城でした。

天正《てんしょう》二年(一五七四)五月、勝頼は二万五千人の大軍を擁して、高天神城を強襲します。

無理押しの攻め方で、千人を超える死傷者を出して、一カ月という期間をかけ、ようやく城は落城しました。

しかしこの城には、戦略的な価値はありませんでした。

だからこそ、信玄は落とさなかったともいえるのですが、多くの犠牲を出して奪ったことに、家臣たちは不満を抱きました。

いくら勝頼が、「父が落とせなかった城を俺は落とした」と威張ってみても、ただの自己満足にしか映りません。気付けば、勝頼の周りには誰もいなくなっていました。

さらに、長篠《ながしの》・設楽原《したらがはら》の戦いで織田信長に敗れると、生き残った重臣たちは勝頼の下を離れていきます。その結果、最後は行く場所がなくなり、勝頼は自害して果てたのです。三十七歳でした。

どんなに優れたリーダーでも、創業者、中興の祖と呼ばれる人、あるいは先代の、思い出と競おうとしてはなりません。

競えば必ず負けるということを、どうか肝に銘じてください。

第四章

CHAPTER04

部下のマネジメントに悩んだ時は……

いうことを聞かせるのではなく、
部下のいうことを聞く姿勢が大事

弱さを隠さない

リーダー：足利尊氏

リーダーは強くあらねばならない、と思っている人が今なお多いように思います。

部下に弱みを見せるなんてもってのほか、つねに模範とならなければいけない。

それこそが理想のリーダーである、と。

もちろん、力強いリーダーをやれる人は、やるにこしたことはありません。が、無理に自分に合わないリーダーを演じてみても、すぐにボロが出てしまいます。

むしろ今時は、自分の弱さを包み隠さず見せた方が、部下の共感を得られるケースが多いのです。

これは現代に限ったことではなく、日本の歴史上にもそういうリーダーシップを発揮して、成功した事例がいくつもありました。

例えば、室町幕府の創設者・足利尊氏はその好例といっていいでしょう。

困難に直面すると泣き出した尊氏

足利尊氏のことを、鎌倉幕府を打倒して、室町幕府を創始した力強いリーダーだ、と思い込んでいる人は今も多いようです。

ところが実像は、その真逆といってよく、彼は生来、気が弱いダメな人でした。困難に直面すると、不安を隠しません。泣き出します。ひどいときは「腹を切る」「私は死ぬ」といって、周囲を困らせました。それでも家臣たちは、尊氏を見捨てませんでした。

彼のダメな部分が、可愛く見えたのかもしれません。

尊氏よりも能力の高かった弟の直義《ただよし》や、優秀な重臣の高師直《こうのもろなお》が、「この人には私がいないとダメだ」と思い、必死に支えてくれたのです。

尊氏は足利家という武家貴族の名門に生まれ、何不自由なく育ちました。鎌倉幕府の執権である北条家の、最後の執権(十六代)・赤橋守時《あかばしもりとき》の妹を、尊氏は嫁にもらうなど、鎌倉政権下でも武家として最高の扱いを受けています。

ですから彼は、逆境などというものを、そもそも味わったことがありませんでした。日々、嫌な思いをしたことがないから、人を恨んだり、疑ったりすることもありません。

素直に、周囲の人々を皆、受け入れていました。

そんな尊氏がなぜ、討幕の旗頭として担ぎ上げられたのでしょうか。

当時、鎌倉幕府を仕切っていた執権の北条氏は、平家の出です。北条氏の上には征夷大将軍もいましたが、頼朝父子の三代が死去してからは、最初は藤原摂関家《せっかんけ》から、次いでは皇族を連れてきて、飾りとして据えているだけで、実質的な武士の棟梁は北条氏でした。

一方の足利氏は源氏の出でしたが、幕府のナンバーツーとはいえ、平家の北条氏の風下に立っていたわけです。

平家に支配されているという屈辱（源氏からみた場合ですが）――これを変えるべく、足利家ではいつの日にか、と代々、思うようになり、呪いのような遺言がいい伝えられるようになりました。

それは祖先である源義家《よしいえ》（頼朝の四代前）の「自分は七代目の子孫に生まれ変わって天下を取る」という、置文でした。真偽のほどは、わかりません。

ただ、その七代目の子孫である尊氏の祖父・家時《いえとき》（本当は八代目？）はこれを本物と信じていたようです。彼には、自分には鎌倉幕府を倒すことは無理だ、との思いがありました。

しかし、そこは名門足利の当主です。その代わり、子孫三代ののちに、かならずや天下をとらせる、と自らも願文を残して、なんと切腹して果てたといわれています。

そして、その家時の孫がたまたま尊氏だったのです。彼にすれば、鎌倉政権に特段の不満はありませんが、血気にはやる周囲からは、問題の置文を突きつけられます。

もし、自分にも天下を取る気はない、と言明するのであれば、願文を延長するために、尊氏も祖父同様に切腹しなければ筋が通りません。

「なんで、わたしが……」

何不自由なく生まれ育った彼は、目の前に、天下を取るか、切腹するかの二択を迫られたわけです。

武家貴族のお坊ちゃんにとっては、どちらを選んでも厳しい未来が待っていました。

私はここで死ぬんだ！　といって刀を振り回す

それでも気の弱い尊氏は、この流れに逆らえず、「ならば、自分が討幕をやる！」と宣言してしまったのです。もちろん、彼が挙兵する以前に、幕府の天下は乱れ、後醍醐天皇や楠木正成らによる討幕の動きは活発化していました。

けれども、まだ幕府のとどめを刺すだけの兵力は決起していませんでした。

そのボーダーラインを、尊氏は突破したことになりますが、とても彼にそのリーダーシップは発揮できたとは思えません。

ですが世の中は、あの足利氏が決起したということで、全国の武士も次々に呼応し、鎌倉幕府に反旗を翻したのでした。その際、尊氏は後醍醐天皇を討幕の御輿《みこし》に担ぎました。

そして見事、鎌倉幕府を滅ぼしたのでした。

ところが、後醍醐天皇が中心になって始めた政権＝〝建武の中興〟は、世の中の実像に合っていませんでした。すでに支配階級は武士に移っているのに、帝は昔の天皇制に戻そうとしたのです。

武力のない朝廷では、国をまとめることはできません。いまさら武士を犬馬のごとき地位まで下げようとしても、今度は彼らが納得するはずもありませんでした。

そこで、また尊氏が担ぎ上げられたのです。あなたは源氏の棟梁なのだから、武家政権に戻してくれ、という声に、尊氏は再び重い腰を上げざるをえませんでした。

とはいえ、今回は今まで味方だった人々が敵に回っています。天才的軍略家の楠木正成、足利家と並び称されていた源氏の雄・新田義貞《にったよしさだ》などです。

当然のように、尊氏は初戦で負けてしまいました。

足利軍は捲土重来を期して、九州まで逃げのびます。御曹司として生きてきた尊氏が、初めて味わう挫折、逆境の体験といえるかもしれません。

その結果、彼は「私はここで死ぬ、死ぬんだ」と泣いて刀を振り回したそうです。

リーダーとして、これほど情けない者もなかったはずですが、それでも味方は尊氏を見捨てませんでした。まだ再戦があります、と必死になだめたのでした。

尊氏もどうにか立ち直り、九州の武将たちを味方につけ、改めて上京すると、今度は湊川《みなとがわ》(現・兵庫県神戸市)の合戦で楠木正成に勝利します。そして、ついには後醍醐天皇を京から追い出すと、室町幕府を立ち上げたのでした。

尊氏のように、弱さを隠さないリーダーのあり方は、今の「令和」の時代なら支持されやすい、と筆者は思っています。いつも目の前で泣かれるのは、さすがにご免ですが、ときには弱さを見せることで、自負心のある部下たちにやる気を起こさせ、チーム全体を奮起させることができたならば、それも立派なマネジメントではないでしょうか。

部下のマネジメント ❷

信じて、任せる

リーダー：西郷従道、伊庭貞剛

プロジェクトを進める際に、リーダーが隅々まで目を光らせて、細かい部分まで口を出したら、どういうことが起きるでしょうか？

部下は上司のいいなりになり、何事もリーダーの考えに従い、自らの頭で考えることをせず、リーダーの限界がチームの限界になってしまう懸念があります。

それでは、組織は弱体化してしまいます。

リーダーの仕事の一つは、部下を信じて部分《パート》を任せることです。

むしろ部下に任せられる領域の広い人ほど、優れたリーダーであり、大きなプロジェクトも成功させる確率が高いというものです。

リーダーになって肩に力が入っている人は、どうか力を抜いてください。

部下の時は力を入れっぱなしでもよかったかもしれませんが、リーダーになったからには、力を抜くことが仕事だ、と思うぐらいでちょうどいいのです。

せっかく作ったレポートを読まない西郷従道

日本の歴史では、西郷隆盛に代表される薩摩藩の将帥学《リーダーシップ》が、部下に権限を委譲するリーダーのあり方の、理想として語られてきました。薩摩藩出身者は、どういうわけか上に行くほど、茫洋として摑所《つかみどころ》のない人物になる傾向が強いように思います。

先述した日露戦争時の大山巖は、満州軍の総司令官でありながら、昼寝して会議にはほとんど出席せず、漬物を漬けていました。

〝維新の三傑〟の一人で、切れ者のイメージが強い大久保利通は、細々と部下に指示を出すようなイメージを持たれるかもしれませんが、細かいことは全部、部下に権限を移譲しており、自身は全体を俯瞰《ふかん》することに全神経を注いでいました。

同じ薩摩藩出身で、総理大臣以外の重要ポストをすべて歴任した西郷従道《つぐみち》(じゅうどう、とも)も、上手に部下に仕事を任せたリーダーの一人でした。

彼は西郷隆盛の実弟であり、隆盛を〝大西郷〟と呼ぶのに対して、従道は〝小西郷〟と呼ばれてきました。「小」とは失礼ないい方ですが、あくまで偉大な兄の隆盛に比べて、というニュアンスで、従道もまた並外れて優れた人物でした。

なにしろ、内閣制度の発足とともに、初代の海軍大臣に任命された人物なのですから。

ところが、彼は海軍に特別詳しいわけではありませんでした。戊辰戦争を勝ち抜いた百戦錬磨の軍人ではありましたが、従道の専門は陸軍――したがって、海軍については専門外でした。本人ですら、「なんで俺が海軍をやるんだ？」と戸惑ったほどでした。

そこで従道は、どうしたか。彼は同郷の山本権兵衛を見込み、海軍省官房主事に抜擢しました。今なら、事務次官級のポストになります。

山本は若い時から勝海舟に師事しており、海軍に関してはエキスパートです。だから従道は、山本に一切を任せました。

するとある時、山本は海軍で使えなくなった旧オランダ式や、叩き上げの幹部、老害と化した幹部を、大量に解雇するプランを提案してきました。解雇するのはことごとく、山本の上官にあたる階級の人たちばかりであり、もちろん山本にはそのような権限はありませんでした。

にもかかわらず、彼の提案に対して従道は、

「わかりました。思い通りにやってください。すべての責任は、私が持ちますから」

と受け入れました。

結果、この時の大粛清によって、日本の海軍は一気に近代化を推進し、海軍兵学校出の若手が大量に登用され、のちの日清・日露の両役に勝つことができた、といわれています。

山本はこのありがたい上司の従道に、海軍に詳しくなってもらおうと、今風にいえば「初心者でもわかる海軍マニュアル」のようなレポートを作成しました。

これさえ読めば、従道もひと通りの海軍通になれるはずでした。

しかし、いつまで経っても、従道にはそれを読んだ形跡がありません。しびれを切らした山本はある日、報告のついでに聞いてみました。

「閣下、先日のレポートはお読みいただけましたか？」

「いや、まだ読んでいない」

こともなげに答えた従道に、山本は、

「海軍大臣ともあろうお方が、そのような心がけでは困ります」

と厳しく意見をしました。すると従道は、山本の言葉をさえぎることなく、すべてを聞き終えてから、静かに次のようにいったのです。

「山本さん、私は海軍のことはわかりません。ですから皆さんに委ねています。私は皆さんが決めたことを、上に通せばそれでよいのではありませんか」

自分はあなたたちに任せているから、好きにやっていい。その代わり、全責任は自分がもつというわけです。

山本は驚くとともに、感動しました。この人のために……と粉骨砕身、力の限りの努力を誓ったのでした。

のちに、この山本権兵衛が海軍大臣に就任します。連合艦隊の司令長官に、薩摩出身の東郷平八郎を任命した大臣であり、日本が日清・日露戦争の両役で勝利できた背景には、綿々と受け継がれた薩摩の将帥学があったように思えるのですが、いかがでしょうか。

間違いに気づいても指摘しない伊庭貞剛のリーダー学

もう一人、部下を信じて任せたリーダーを紹介しましょう。

住友財閥の二代目総理事をつとめた伊庭貞剛《いばていごう》です。

彼は〝住友〟の初代総理事をつとめた広瀬宰平《さいへい》の甥にあたります。もともと、政府で裁判官として働いていた伊庭が、〝住友〟に中途入社したのは三十三歳の時でした。

そのため、彼が出世できたのは叔父のおかげ、とはやとちりされかねませんが、伊庭にいわせれば、「私は叔父の尻ぬぐいばかりをさせられたのだ」というかもしれません。

——その通りなのです。

伊庭は既成の組織が混乱する場面で、力を発揮させるタイプのリーダーでした。

例えば、明治初期の大阪では中小の汽船会社が乱立しており、それぞれサービスも料金もバラバラ。海運全体に、その支障が出始めました。

そこで政府は〝住友〟に、「汽船会社をまとめて、統一したサービス、料金を提供してほしい」と依頼しました。

住友財閥の基礎をつくった広瀬は、幕末の動乱期を生き抜いた人間であり、危ない橋でも平気で渡るような向こうみずでした。政府の命を受け入れて彼は、わかりました、と「大阪商船」（商船三井の前身の一）を立ち上げたのですが、一年半で早くも行き詰まってしまいます。

なにしろ船の大きさも揃っていませんし、燃費も悪い。収支が見合わない。〝住友〟が肝入りで立ち上げた汽船会社なのに、経営が危うくなってしまいました。

そこで広瀬は、甥の伊庭になんとかしろ、と命じます。まさに、尻ぬぐい。伊庭は資金調達、船舶の改良、株主と役員との親睦などを図り、わずか二年半でこの大阪商船を再建しました。

なぜ、短期間にそれだけの仕事ができたのか。伊庭に聞けばおそらく彼は、部下を信頼して任せたからだ、と答えたでしょう。

伊庭が重役を務めていた(といっても、〝住友〟の統治下の)大阪紡績(東洋紡の前身)で、次のようなエピソードが語られています。

当時の社長が、株主総会で発表する決算表を確認した際、明らかな記載の欠陥が見つかったそうです。すぐにそのミスを、担当者は伊庭に報告しましたが、彼はそれを訂正することなく総会に臨みました。

間違った数字が載っているので当然、株主総会はそれがために紛糾します。

その時、立ち上がった伊庭はこう発言しました。

「本決算表については逐一、綿密に監査いたしましたが、一部の間違いもないとご報告申し上げげます」

あまりに堂々とした発言によって、騒ぎは沈静化し、総会は無事に終了しました。

のちに事の真意を訊かれた伊庭は、「会社は社長に任せています。多少の間違いがあっても、それは皆で支え合うもので、ミスを糾弾しても利益はない。下の人間が一生懸命に作ってきた文書を、信じてやればいいのですよ」と答えています。

伊庭はこうも、いっています。

「役員が生命をかけて押す判子は、一生に一度か二度。あとは、いちいち中身を見て押さなくていい。部下が作った文書を信じればいいのだ」

こういうリーダーが上にいれば、部下も奮起してミスのないよう、懸命に仕事に励むことでしょう。

大切なのは、部下を信じ切る気持ちです。

信じるといっておきながら、中途半端にチェックして文句をつけたりしたら、上下の信頼関係は台無しとなってしまいます。

どうぞ、リーダーの皆さん、十分、お気をつけて。

部下のマネジメント 三

部下に感謝する

リーダー：豊臣秀吉

──部下への感謝は、〝等価交換〟では足りません。

十のことをしてくれた相手に、十の感謝をするだけでは、相手に伝わらないのです。

なぜなら、こちらが思っている価値と、相手が「これだけのことをしたのだ」と思い込んでいる気持ちは、なかなかイコールにはならないからです。

感謝を示す時は自分が思っている以上に、ちょっとオーバーかな、と思う程度に伝えるのがいいでしょう。

その意味で、感謝の達人だったのは、日本を最初に統一した豊臣秀吉です。

恨むよりも感謝を選んだ秀吉の凄み

豊臣秀吉がいまだ、「羽柴」姓（上司の丹羽長秀と柴田勝家の一字ずつをもらう）を名乗っていた織田家の部将時代、こんなことがありました。

秀吉は毛利攻めの、中国方面軍司令官に抜擢されました。その時、補佐に加わってくれたのが、播磨《はりま》(現・兵庫県南部)の小大名の家老だった黒田官兵衛《かんべえ》でした。

官兵衛の知略により、中国筋の豪族の城は次々と戦わずして軍門に降っていきます。

その功績を信長から褒められ、秀吉は馬をもらい、加増もされました。

この時、秀吉はその名馬を官兵衛にプレゼントします。

さらに手紙を添え、「本当はこの加増も、あなたが受けて然るべきなのです。私が貰い受けて申し訳ない」とまでへりくだった文面を述べているのです。

そのうえで、「あなたのことは、実の弟のように思っている。これからもどうぞ、よろしく頼みます」と最大限の感謝を示しました。

この言葉に、官兵衛ほどの智謀の才ある人物も、完全に心をつかまれてしまいました。

秀吉は、自分を裏切った相手にすら感謝の意を示しました。

同じく中国方面軍司令官として、播磨の三木《みき》城(現・兵庫県三木市)を攻めていた時のことです。

調略がうまくいかず、城攻めにかかったのですが、なかなか敵も隙をみせません。攻めあぐみ、ならばと秀吉が再び調略で、内側から崩す戦略を考えました。

選んだ相手は、城将・別所長治《べっしょながはる》の家来である中村忠滋《ただしげ》です。恩賞を提示し、合図とともに秀吉軍を城内に引き入れる手はずを整えました。その証《あかし》として忠滋は、自分の娘を人質として差し出します。

ところが決行の日、事前の約束は果されず、秀吉が送り込んだ奇襲部隊は忠滋によって、すべて討ち取られてしまいました。忠滋は主君を裏切ったふりをして、秀吉を騙したのでした。

激怒した秀吉は、人質にしていた忠滋の娘を処刑し、執拗に三木城を攻め、後日、ようやくにして城は落城しました。

忠滋もこのおり、捕らえられます。

「火炙《あぶ》りにせよ！」

腸《はらわた》の煮えくり返っていた秀吉からすれば、当然の命令でした。

しかし、のちに天下を取るリーダーの器量を、秀吉が示したのは、この直後です。

「いや、待て。見方を変えれば、あの男は主君に忠義を貫き通したわけだ。わしを騙したために、人質の娘まで失っている。……とりあえず、助命してやるか」

さらに秀吉は、熟考します。

「いやいや、あの男は見上げた忠臣といえる。もったいない。……どうじゃ、三千石を与えるから、わしに仕えぬか、と申せ」

この言葉には周囲の家臣はもちろん、当の本人である中村忠滋すら驚きました。

以降、忠滋は秀吉の家来となり、終生、忠義を尽くしました。

右のエピソードは、〝人たらし〟の秀吉ならではのものでしょう。

同じように実践するのは難易度が高いですが、人は恨むよりも許し、さらに感謝できるようになれば、リーダーとしても一流、超一流といえるのではないでしょうか。

どうか、太陽と北風の童話を思い出して下さい。

部下のマネジメント 四

明るい未来を示す

リーダー：織田信長、豊臣秀吉

「二日ぐらいなら、不眠不休で働いたもんだ」

「断られても、喰《くら》いついて契約を取ってきた」

リーダーは、自分の武勇伝を語るのが好きな生き物なのかもしれません。

もちろん、自分の実績に誇りを持つこと自体は悪いことではありません。

が、聞かされる部下は内心、ウンザリしていることでしょう。

リーダーは過去ではなく、明るい未来の形を示した方が喜ばれます。部下があなたの顔を見て、ウンザリしているようなら、過去の栄光ではなく、明るい未来の話をしてみてください。

その意味で参考になるのが、織田信長です。

明るい未来が見えるから信長についていく

織田信長は家臣たちに、つねに希望のある未来を示していました。

一番わかりやすいのが、すなわち〝天下布武〟のスローガンです。

信長は言葉数の少ない人でしたが、意外に自分の意志を伝えるのが上手な武将でした。

自分がこれからやろうとしていることを、常に具体的な形にして示しています。

「俺は武力をもって乱世を終わらせる（天下布武）。天下に泰平の時代を開く。今お前たちは、そのために戦っているのだ」

天下統一を果たせば、家臣たちは領地も増えて、もっと豊かになるでしょう。楽市楽座が全国に広がれば、日本中の物産が流通する楽しい世の中にもなるはずです。

信長は安土《あづち》城（現・滋賀県近江八幡市）を、今でいうイルミネーションでライトアップして、夢の世界を演出しました。これは見た宣教師は、信長はハライソ（キリシタン用語で天国）を演出した、と大変驚いたようです。

「俺は理想の世界を創るから、お前たちはついてこい」

自分たちの明るい未来を、スローガンや安土城のライトアップという形にして、示してくれるからこそ、織田家の家臣たちは信長の命令に従ったといえます。

もし、信長が情け容赦のない、非情なだけのリーダーであれば、いくら理想や未来を語られても、家臣たちは信じなかったでしょう、そもそもついていくこともなかったはず。

信長は普段から、家臣の生活のこまかいところまで注視していました。


一例を紹介しましょう。信長が懸命に美濃(現・岐阜県南部)を併合すべく戦っていたころのことです。

織田家の本城・清洲《きよす》城(清須《きよす》とも 現・愛知県清須市)から、小牧山《こまきやま》城(現・愛知県小牧市)に集団移住を命じたことがありました。

まさに美濃攻めの最中です。清洲城から出陣すると、美濃までは遠いので、より前線に近い居城を使おうとしたわけです。

家臣たちは家族を清洲城下に残したまま、いわゆる単身赴任で小牧山の住宅に移りました。ところが、男ばかりのコミュニティでは生活習慣が乱れがちとなります。ろくに食事もとらず、博奕《ばくち》を打ったり、酒を飲んで暴れたりと風紀も悪くなりました。火の不始末で火事が起きたこともありました。

その状況を知った信長は、すぐさま家臣に小牧へ家族を呼び寄せるよう、厳命しています。単身は許さない、と達しも出しました。

信長は家臣のプライベート環境にまで、気を配っていたのです。家族とともに暮らせるようになった小牧は、快適な生活空間に変わり、美濃攻めも大いにはかどりました。

彼はこうした気遣いのできる、優しい面も十分持ち合わせた人物だったのです。

そのうえで明るい未来を示したので、部下たちは喜んで信長についていったのです。

最近の若いリーダーは、昭和型のリーダーと違って、性格が大人しく、優しい人が多いようです。あとは、部下の気持ちが盛り上がるような、楽しい未来を示すことができれば、威厳を示さずとも、フレンドリーでいてなお、信長のようなリーダーシップを発揮することができるのではないでしょうか。

勝ったら大名になれる！　秀吉の檄に発奮した部下たち

このリーダーにして、この部下ありでしょう。織田信長の部下であった羽柴(のち豊臣)秀吉もまた、部下に明るい未来を示すことができたリーダーでした。

前述の中国攻めの最中、主君信長が叛臣・明智光秀に討たれるという〝本能寺の変〟が起きました。その時、秀吉は二百キロ以上離れた場所で、毛利方の備中高松城（現・岡山県岡山市北区）を攻めていました。本来なら、本能寺のある京都に、すぐさま駆けつけることはできません。

しかし、秀吉は黒田官兵衛の力を借り、毛利軍とただちに和睦を成立させ、近畿地方へ引き返す算段をつけます。

万一、毛利軍が違約して、後方から攻めかかってきた場合の備えに、〝水攻め〟にしていた高松城の堤を寸断し、水を平地に流し込んで時間を稼ぐことも考えました。

とはいえ、問題は前方です。二百二十キロもの距離を、どうやって二万五千人の将兵を素早く走らせられるでしょうか。当時の感覚では、超人的なスピードが要求されます。

本来なら、いかに主君の弔い合戦とはいえ、褒美をくれる信長がいない状況で、そこまで将兵を必死にさせるのは至難の業というもの。実際、本能寺の急報を知った将兵は動揺して、脱走しようとする人間も多かったのです。

そこで秀吉は官兵衛と相談して、陣営に一つの噂を流しました。

「秀吉さまが光秀に勝ったら、天下が取れる。そうなったならば、将士は皆大名になれる。

足軽だって士分に出世できる。こんな絶好の機会は、またとないぞ――」

この噂の効果は、テキメンでした。

人間は絶望しかけた時に、明るい話と暗い話を、同時にふられると、必ず明るい話の方に飛びつく習性をもっています。将兵は奮い立ち、足軽たちも死に物狂いで走りました。

さらに姫路城（現・兵庫県姫路市）についた秀吉は、暫時《ざんじ》兵を休ませます。その間に官兵衛が情報収集をし、光秀に味方している大名、敵対している大名を調べ上げます。信長の首級《しるし》は、何処にも晒《さら》されていないことも判明しました。

おかげで秀吉は、「信長さまは生きている。今、安土城で兵を集めているところだ」と織田系の大名・小大名に手紙を出し、ことごとくを味方につけることにも成功しました。

周辺の武将を合流させて、兵力は三万となり、この兵力があればこそ、信長の三男・信《のぶ》孝《たか》がいたにもかかわらず、秀吉は山崎（現・京都府乙訓《おとくに》郡）の戦いで、光秀を討つ総大将をつとめることができたのです。考えてみれば、信長が自刃した時点では、秀吉軍は空中分解してもおかしくない状況下でした。そんな中で秀吉は、みんなに夢を与えたのです。その一筋の希望が、全員を奇跡の逆転勝ちに導きました。

リーダーは部下に、素敵な夢を見せられるよう、つねに工夫するべきです。

部下のマネジメント 五

部下を引き上げる

リーダー：山縣有朋

リーダーは自分で何から何までやる必要はない、とわかってもらえたかと思います。優秀な部下を信頼して、任せてしまえばいいのです。

しかし、場合によっては、任せられる部下がまったくいないチームもあるでしょう。そういうときは、優秀な部下をリーダーのあなたが作らなければなりません。

つまり、部下を引き上げて、その任務ができる立場にしてやるのです。加えて適切なアドバイスを与え、場数を踏ませて自信をつけてやることが大切です。

そうすれば優秀で任せられるようになった部下は、あなたに恩義まで感じてくれます。まさに、一石二鳥ではありませんか。

部下を引き上げることに長けていたのが、〝日本陸軍の父〟と呼ばれ、内閣総理大臣にもなった山縣有朋《やまがたありとも》です。

正直にいって、山縣は才能溢れる魅力的な人物ではありませんでした。槍が少し得意で、漢詩を勉強したようですが、それ以上の教養はありません。ただ、現場の実務には長けていたようです。実績を積む努力も、等閑《なおざり》にはしませんでした。

ただ、同じ長州藩のリーダー――吉田松陰や久坂玄瑞、高杉晋作、木戸孝允のような、先見性はまったく持ち合わせていないのが、山縣でした。

そんな、いわば三流の人物が、気がついたら自らが作った陸軍や官僚の派閥を率いて、日本の国政を左右し、まがりなりにも日清・日露の両役に、勝利をもたらすことになったわけです。

有能な部下を次々に探し出した山縣

そもそも長州藩内に生まれたとはいえ、山縣は卒族《そつぞく》（刀を一本しか差せない足軽以下の身分）でしかありませんでした。

幕末のような風雲急を告げる時代でなければ、まともな出世はできなかったでしょう。ハングリー精神で槍の腕だけは磨いていたので、その腕前を認められたのです。反幕府の方向へ動いていた長州藩の要人たちは、いつ幕府方に襲撃されてもおかしくない状況にありました。その護衛役には、身分に関係なく腕が立つ人間が必要とされたのです。

こちらは、いわば捨て駒。

これに抜擢されたのが、山縣でした。

京に配属された時に偶然、彼は久坂玄瑞と知り合います。

久坂はすでに長州藩を代表するスター、リーダーの一人となっていました。

そんな彼が山縣に、「おまえは見どころがあるけれど、学問がないのはダメだ。国許《くにもと》に帰ったら、もう少し勉強しろ」といって、松下村塾を紹介してくれました。

山縣は任期を終え、長州藩に帰って、松下村塾に顔を出したのですが、ほどなく吉田松陰は捕えられてしまいます。

つまり山縣は、松陰の薫陶をまともには受けていなかったのです。

にもかかわらず、ここで山縣の運命が変わります。

奇兵隊の隊長・高杉晋作に対して、

「私も松下村塾にいました」

とハッタリを利かせ、近づくことができました。

「そうか」と、高杉は山縣を塾の後輩と信じ、信頼して、隊の人事と予算を任せてくれたのです。

高杉はそういう細々としたことが、苦手だったからでもあります。

山縣にすれば、これでようやく奇兵隊で出世できる、と思ったかもしれません。が、肝心のリーダーの高杉は若くして亡くなってしまいます。

その後、長州藩で頭角を現したのが、天才的な軍略家の大村益次郎《ますじろう》でした。村医で蘭学を極めた彼も、高杉に似ていて、細かい実務が苦手でした。

そこで大村も、奇兵隊で実務をやっていた山縣に、自らの実務を任せたのです。

山縣はとにかく、上司に命じられたことをキッチリこなしつづけました。

その結果、大村も暗殺されてしまい、薩摩藩とともに天下を取った長州藩にあって、山縣はいつのまにか、軍部上位の地位を占めることになっていたのです。

とはいえ、山縣自身にはトップで腕を振るうほどの才覚はありません。

そこで彼は、考えました。

とりあえず、人望抜群の西郷隆盛（薩摩藩出身）を頭上に戴き、引きつづき陸軍の人事や予算を担当しながら、時間を稼いで、その間に優秀な人間を見つけて恩を売り、次々に引き上げて重要なポストにつければ、自分はそれらの人々に感謝され、彼らは自分を助けてくれるに違いない、と。

奇兵隊時代から人事権を任されてきた山縣は、優秀な人間を見る目には自信がありました。

能力の低い人間を登用したりすれば、ライバルに負けるため必死に人物を見定めます。

加えて山縣は、身分の低いところから出てきたので、下にくすぶる人間の気持ちが、手に取るようにわかりました。

やがて西郷は下野し、西南戦争で敗死。陸軍はほぼ、山縣の思うようになりました。

彼は派閥の結束を固めるために、パーティや懇親会を頻繁に開催しています。そうした席で、若手の発言や飲み方を見ては、これぞと思う人物に声をかけたのです。

のちに日露戦争時の総理大臣となる桂《かつら》太郎を、見出したのも山縣でした。桂は山縣の下で、いろいろな派閥力学を学びました。その成果が「昭和」以前における、最長内閣を組織することにつながりました。通算二八八六日（現在は安倍晋三氏の通算三一八八日が最長となっています）。

あるいは、長州の支藩である徳山藩の出身だった児玉源太郎を、抜擢・登用したのも山縣でした。

児玉は西南戦争時の、熊本籠城戦における指揮官としての能力を山縣に認められ、長州閥の本流に迎えられた人物です。その後、陸軍少将に昇進。ヨーロッパ視察を経て、陸軍大臣・大山巖（前章参照）のもとで陸軍次官兼軍務局長に就任しています。

日露戦争では満州軍総参謀長として、軍政（スタッフ）・軍令（ライン）の両面に辣腕をふるい、日本陸軍がロシアに勝利するための立役者となりました。

優秀な人材をどんどん引き上げて、各々に恩を売り、自らの権力を守るために活用する。これも気づけば、優れたリーダーシップといえるのかもしれません。

最前線で戦う

リーダー：蒲生氏郷

先に、部下にすべてを任せるリーダーシップについて述べましたが、リーダーになると、現場に顔を出さず、自分はデスクに踏《ふん》ん反《ぞ》り返って、指示ばかりしている人がいます。

部下に現場を任せるのはいいことなのですが、現場の実情もわからないまま、理想論ばかりを押しつける上司は困ったものです。

「あの人はリーダーのくせに、現場のことは何もわかっていない」

「理想論ばかり振りかざして、うっとおしい」

こんなふうに部下に思われている上司は、思いのほかたくさんいるようです。

その点、戦国大名の蒲生氏郷《がもううじさと》は常に最前線で戦うリーダーとして、率先垂範《そっせんすいはん》、クセのある部下たちからも、注目、尊敬を集めました。

行き場のない荒れくれ者を救った氏郷の面倒見

蒲生氏郷は、戦国で最も立派な武将、と歴史の専門家からは呼び声の高い人物です。結核性の痔を患い、四十歳で亡くなりましたが、もし彼が存命であれば、関ヶ原の戦いは起きなかったであろう、といわれています。

なにしろ豊臣政権下で、徳川家康、伊達政宗、上杉景勝《かげかつ》という、アクの強い戦のプロ、大大名の三人を、一人でおさえていたのが氏郷でした。

とにかく合戦に強く、負け戦がありません。

戦国不敗の立花宗茂とは時代が重なりませんが、宗茂が戦術のプロとして武将の立場を出ないのに比べ、氏郷は政略のわかる天下人の器を持った人物でした。

しかもその配下が、揃ってクセのあるツウモノばかりでした。

信長が〝本能寺の変〟で横死し、豊臣秀吉が日本最初の天下統一を果たすまでの間、何処の大名家でも、一騎当千の兵《つわもの》は重宝されました。ただし彼らは、自分の腕に覚えがありますから、合戦で手柄を立てれば文句はないだろうとばかりに、ふだんは無礼千万《せんばん》で、態度も大きかったのです。

極端な例を挙げれば、酒盛りの最中に主君の目の前に胡坐《あぐら》をかいて座り、主君が手にしている酒杯を横取りして、自ら飲んだり、食べてる皿を横から奪い取ったりするのです。

ところが主君は、こうした無礼に何もいえませんでした。

なぜなら、次の合戦で生命を懸けて戦ってもらわないと困るからです。うかつに「お前、何してるんだ」と怒鳴って、フンと横を向かれてしまうと、その武辺者はそのまま席を立って、他家へ出奔しかねません。あげく、敵に回られたら一大事です。

それがわかっているからこそ、大名たちは無礼を咎《とが》めず、一騎当千の武辺者たちは好き勝手に傍若無人なふるまいに及んでいたのです。


けれども、秀吉が天下を統一してしまうと、もはや大名同士の勝手な領地争いは禁じられ、そのため合戦自体がなくなってしまいます。

そうなると、価値観が逆転してしまいました。

合戦がないのであれば、一騎当千の兵《つわもの》＝無礼千万な人間はいりません。

平和な時代ではむしろ、秩序を守ることが第一に優先されます。

周囲からも、「殿はなぜ、あのような者を好き放題にさせているのですか」という声があがります。

いままで我慢してきた分、主君も同僚も恨み骨髄に徹しており、「よくも今まで、つけあがりやがったな」と、無頼の武者たちを容赦なく解雇するようになりました。

しかも、ただの解雇ではなく、「奉公構《ほうこうかまえ》(かまい、とも)」にしたのです。

現代の感覚でいえば、ヤクザ社会の「破門状」でしょうか。

簡単にいうと、

「このAはウチで許されない行為をしたので追放します。もし今後、Aをあなたが雇用するならば、ウチに喧嘩を売っていると判断しますので、そのつもりでいてください」

という内容の手紙を、全国の大名に送付するわけです。

平和な時代とはいえ、腕の立つ武者を雇いたい大名はいますが、他家と喧嘩してまでの雇用はゴメンです。

「破門状」のこない＝ケンカの売りようのない大大名ならいざ知らず、並みの大名たちはことごとく、この「奉公構」に従いました。なにしろ、天下の秀吉も容認したのですから。結果的に、全国の巷《ちまた》に「回状持ち」の武士、「奉公構」にあった武辺者が溢れることになりました。

そんな行き場のない彼らを救ったのが、蒲生氏郷でした。

才覚があり、合戦も強い氏郷に、秀吉は「会津若松の領地」を与えました。賢い氏郷は、その目的をすぐに察知します。会津の周囲には、徳川家康、伊達政宗、上杉景勝の領地があるからです。つまり、いざとなったら秀吉のために、この三強者を武力で抑えてくれ、というわけです。

「お引き受けするにあたって、関白《かんぱく》殿下に一つだけお願いがございます」

氏郷は条件付きで、徳川・伊達・上杉と相対することを了承します。

「奉公構の者どもを、雇う許可をくださささい。さすれば、殿下の期待に応えてみせましょう」

全国には一騎当千の連中が、仕官できずに溢れています。蒲生家で彼らを雇用したい、と氏郷は願い出、秀吉は仕方なく、しぶしぶこれを許しました。

まさか自分より前に出て戦う主君がいるとは

とはいえ、先述したように、彼らはいわば社会適応能力に問題のある連中です。主君を主君とも思わず、組織の中でハミ出してきた武辺者です。そんな荒くれ者どもを集めて、氏郷はどうやって自分のいうことを聞かせたのでしょうか。

彼らが「奉公構」になるほど、主君の反発を買うように反抗したのは、口だけで偉そうにしている主君や上司に腹を立てたからです。

リーダーを尊敬できなかったから、といえます。

そこで氏郷は、彼らに〝率先垂範〟を示しました。

雇用が決まった武者に、氏郷が命じたのはたった一つのことだけです。

「合戦になったら、当家で先陣をきって前に出る〝銀の鯰尾《なまずお》の兜〟をかぶった武者がいよう。よいか、彼《か》の者に負けぬように働け」

これだけです。

新しく雇われた武士には、意味がわかりません。なにしろ自分は、合戦場では誰にも負けない、と自負している連中です。

ところが、いざ合戦になると、銀の鯰尾の兜を被った武者が、最前線で戦っているではありませんか。あいつか、と武辺者たちはその前に出ます。

そこは激烈な最々前線です。一戦終わって退いたおり、「奉公構」の侍たちは驚嘆することになります。なんと、銀の鯰尾の兜をかぶって戦っていたのは、主君の蒲生氏郷その人であったからです。

武辺者として、負けるわけにはいきません。ましてや殿さまを討たれるわけにはいきませんから、彼らはさらに前へ前へと出て、死にものぐるいで戦うことになります。

だから、蒲生の軍団は強かったのです。

いままで腫れ物に触るような扱いをされてきた自分たちと、殿は一緒に戦ってくれる。しかも実際に現場で働きを見ているから、「見事な槍使いだったぞ」と氏郷は、すぐさま褒美をくれるのです。

今までの主君とは、まったく違ったわけです。この人のためならば生命もいらぬ、と彼らが感動したのも頷けます。

【日本史コラム】

失敗したリーダー四

ルールは非常時に役立たないリーダー：新撰組

リーダーの指示がなかなか浸透しない。

いうことを聞かないメンバーがいる……。

リーダーの悩みは尽きません。

そんな時に一番やってはいけないのは、「ルールで縛ること」です。

自分の指示に従わないからといって、厳しい規則を設けても、部下からは反感を買うだけでしょう。

——それは歴史が、証明しています。

ある種、恐怖政治的なルールを作って、それを厳守させようとするリーダーは、非常時にまったくといっていいほど役に立ちません。

ルールは厳しいが、運用は杜撰だった新撰組の末路

幕末、京洛で活躍した新撰組の、局中法度《きょくちゅうはっと》は厳しいことで有名です。例えば、新撰組を抜けようとするだけで死罪と書かれています。切腹です。でも、これはまったくの逆効果しかありませんでした。

実際、新撰組は幕府に仇《あだ》なす勤王の志士を切った数よりも、隊内で粛清した人数の方が多かったのです。

これでは何を目的とした組織なのか、何のためのご法度なのか、わからなくなってしまいます。ルールが組織を強くするために、機能していないのです。

なにしろ新撰組には一方で、三回隊を抜けて、三回隊へ帰ってきた隊士がいました。なぜ、このようなことが許されたのかといえば、規律はすべて、局長の近藤勇《いさみ》や副長の土方歳三《ひじかたとしぞう》ら上層部の胸先三寸だったからです。

厳しいルール自体に効果がないのに、こんな杜撰《ずさん》な運用をしたら、隊士のモチベーションが上がるはずがありません。

要は、いうことをきかせるために無理やり作るルールは、いくら厳しくても、組織を強くする方向には作用しないということです。

実際、局中法度も後世から検証する限りでは、鉄の結束には役に立たず、隊内の不穏分子を粛清するための言い訳にしかすぎませんでした。

厳しい規則を設けるほど、非常事態では組織は硬直してしまいます。

それなら逆に、ルールは少なくするべきなのです。

もし、新しいリーダーが非常事態にチームを作り、団結させたいならば、どうしても譲れないルールを一つか二つだけ作ることです。

あとは、各々の裁量に任せる。

例えば、この件に関してだけは、私に相談してほしい、というように徹底する。

そう厳命したうえで、それ以外は皆さんの自主性に任せます、と緩める方が、チーム全体としてはうまくいくのです。

第五章

CHAPTER05

責任の取り方、引き際の決め方

しがみつくと失敗する。
最初から辞めることを前提にすればいい

責任の取り方 一

自分の功を捨てる

リーダー：勝海舟、山田方谷、島村速雄

リーダーになると、自分は偉いと勘違いする人がいます。

「令和」の若いリーダーには、あまりそういう人は見かけませんが、「昭和」の戦後には

このタイプのリーダーを結構見受けました。

いわゆる、部下を顎で使うタイプです。

「黙ってオレについてこい」――結果が出れば、自分のアドバイスがよかった、といい、

結果が出なければ、部下のやり方が悪い、と責める。こんなリーダーには「令和」の今日、

誰も付いて行きたくないですよね。

リーダーの皆さんは、部下から「偉そうにしているな」と思われていませんか？

幕末から明治にかけて活躍した幕臣の勝海舟も、若い時はそうした一人でした。

天狗だった自分を反省し、人に尽くした海舟

彼は幕臣としては並ぶ者がいないほどの、海軍の知識と実務能力を持っていました。それゆえに自分を過信し、まだ航海もろくに経験していない時期から天狗になって、「黒船（蒸気軍艦）なんて、簡単に動かしてみせらぁ」と放言していたのです。

ところが、実際に長崎から西洋式帆船で海に出ると、嵐に遭って、マストは折れ、慌てふためき、クルーはみんな半死半生の体《てい》になってしまいました。

海舟は五島列島（長崎県西部の東シナ海上にある列島）の端まで流され、死にかけたのです。

這々《ほうほう》の体でどうにか帰港すると、長崎海軍伝習所のオランダ人の教官カッテンディーケは、「いい経験をしましたね、航海はその都度、違いますから」というのです。

海舟は反省しました。自分ひとりの力など、たかが知れていることに、ようやく気がついたのでした。

明治維新を迎える手前で、海舟は「江戸の無血開城」を果たしましたが、その功を以前の

ように、鼻にかけることはありませんでした。それどころか、旧幕臣の身が立つように、陰に回って黙々と支援活動に従事したのです。

海舟が新政府で参議になったことを、忠臣は二君にまみえず、と批判する人もいました(例えば福沢諭吉)が、彼は旧幕臣の面倒を見るために、新政府の高官の地位を必要としたのです。

ある程度の権力を持たなければ、生活の破綻した旗本・御家人を救い、新しい職につけることができなかったからです。

突然、武士の身分を失い、新時代に放り出された旧幕臣らは、大半が生活の術《すべ》を持ちませんでした。海舟は彼らに就職先を斡旋《あっせん》したり、急場のお金を融通したり、ときには不平不満を聞いて心のケアに当りました。

それらが一段落した時点で、海舟は参議を辞めています。以来、彼が表舞台に立つことはなく、キレイに姿を消したのでした。

思い返していただきたいのですが、明治初期の数々の内乱(最後が西南戦争)――旧幕臣の参加はありませんでした。これは海舟が日々の生活の中で、不平・不満を旧幕臣たちに待たせないよう、心を配りつづけた結果に他なりません。彼は裏方で活躍していたのです。

十万両の借金を蓄財に変えた山田方谷の引き際

同じく幕末で、のちに〝日本のケインズ〟と敬慕された山田方谷《ほうこく》も、栄光にすがることなく、自分の功績をあっさり捨てた一人といえます。

方谷は一介の農民に生まれながら、学問で武士となり、ついには備中松山藩（現・岡山県高梁《たかはし》市周辺）を再建した名家老となります。

近代以前の江戸期において、おそらく彼こそが最高の財政家であったでしょう。

当初、四十五歳で藩の財政の一切を任された方谷は、藩の負債が十万両を超えていると知って愕然とします。松山藩の石高は五万石ですが、米の出来高は天候に左右されるため、実質的な収入が二万石に満たない年も珍しくなかったからです。

「節約するぐらいでは、とても借金に追いつかない」

そう悟った方谷は、「米本位」から「金本位」の経済に、藩を大きくシフトしていきます。

そこで採った手段は、幕藩体制における革命的な方法でした。

「わが藩は、大坂の蔵屋敷を廃止する」

当時、各大名の年貢米はいったん大坂に集められ、商人に一括で購入され、その後、商人たちは米相場を上げたり下げたりすることによって、儲けていました。
方谷は、この伝統的なやり方に否を唱えたわけです。

つまり、松山藩は年貢米を大坂に運ばず、武士でありながら商人同様に米相場を張り、相場が上がったところで、自前で売るという形に変えたのでした。

商人のやり口を武士が実践したことで、年貢米は例年の何倍もの収入に跳ね上がりました。これは方谷の手腕によるものです。

彼の藩政改革は、大成功を納めました。

改革四年目には、五万両もの利益を叩き出しています。そして八年目には、十万両の借金がなんと十万両の蓄財に変わったのです。

その成功を見届けた方谷は、家老職を退いて、自らは城下から遠く離れた山中に、ひっそりと移り住みました。

方谷が隠棲した背景には、藩の領民を救うため、藩の重臣たちに不利益となることを承知で、次々と改革を実行し、藩の保守派に嫉妬され、敵視されているという事情がありました。

さらにいえば、方谷は藩士・領民のためならば、主君の板倉勝静《かつきよ》（老中）を無視して、官軍に降伏もしたのです。

方谷のおかげで、備中松山藩は国賊にならずにすんだのですが、彼は主君を裏切った責任を感じてか、「明治」と世が変わっても新政府には出仕しませんでした。

新政府の大久保利通などから、方谷には度々、政府で働いてほしい、と声がかかりましたが、彼はそれらをすべて断り、表に出てくることはありませんでした。方谷は明治十年（一八七七）に七十三歳で、この世を去っています。

その胸中にあったのは、自らが成し遂げたことへの満足感、誇り、使命達成への喜びであったかと思われます。

次の司令長官を熱望された島村速雄の立ち去り方

日露戦争時、連合艦隊の第一艦隊参謀長兼連合艦隊参謀長、第二艦隊第二戦隊司令官を歴任した島村速雄もまた、自らの功績をあえて消し去った人物です。

今日、日本海海戦でバルチック艦隊を撃破できたのは、参謀の秋山真之《さねゆき》の知謀によるもの、といったイメージが一般には強いと思います。が、これは特定の小説の影響です。

しかし、すべて秋山がやったのだ、と証言したのは真の功労者である島村本人でした。

いわゆる〝T字戦法〟にしても、島村が中心になって組み立てたもの。バルチック艦隊を捕捉できず、連合艦隊が動こうとしたとき、待ったをかけたのも島村でした。

でも彼は、何一つ自分の功績として吹聴したりはしませんでした。


しかし、いくら島村本人が功を誇らなくても、同時代を生きた多くの人々は、その功績を目撃もし、熟知しています。

事実、日露戦争が終わった後に、国民に「次の連合艦隊司令長官は誰がふさわしいか」というアンケートを雑誌が行ったところ、一位は島村速雄でした。

早速、主催者が島村のところへお祝いのトロフィーを持参しましたが、彼は頑としてこれを受け取りませんでした。

「もし、不幸にして戦争が起きて、私が連合艦隊の司令長官となり、活躍に応えられたならば、その時は受けるかもしれないけれども、現時点ではもらういわれはない」

その後、島村は練習艦隊の司令官、海軍大学校長、軍令部長などを歴任しますが、日露戦争以降の戦争に立ち会うことは、ついにありませんでした。

島村の態度を見た部下たちは、自分もあの人のような、謙虚なリーダーになろうと思ったことでしょう。

今、こういうリーダーが少ないとしたら、冒頭で述べた偉そうにふんぞり返るタイプのリーダーが、相変わらず多いということになります。

ぜひ、新しいタイプのリーダーシップによって、目立つこと＝偉いという〝負の遺産〟を断ち切っていただければと思います。

「令和」のリーダーには、それができると筆者は確信しています。

責任の取り方 二

辞めることを前提にする

リーダー：徳川家康、伊庭貞剛

どんな良いリーダーであっても、長くその地位に留まっていると、弊害が出てくるものです。結果をそれなりに出している限り、誰も辞めろとはいいませんし、気がつけばイエスマンが周囲を取り巻いています。

もちろん、大きな組織で定期的に異動がある場合は別ですが、実績を出しつづける優れたリーダーほど、辞め時が難しくなるもののようです。

退場するタイミングを逸したため、思わぬところで失敗し、晩節を汚してしまったリーダーは、日本の歴史に山ほどいます。やはり、リーダーは就任する際に、辞める時のことを念頭に置いて、仕事に取り組むべきもののようです。

最初から「自分は区切りをつけたら辞める人間なんだ」と考えることで、後進の指導にも親身となれますし、保身に走る必要がない分、客観的な視点を保つことができます。

——徳川家康は、それができた人物でした。

自分が死ぬことを前提にした人事を行った家康

家康は晩年、徳川幕府を盤石とするために、次々に手を打っていきました。

手始めに、自身は征夷大将軍になって二年で、その職を嫡男の秀忠に譲ります。

しかし、すべての権力を秀忠に与えたわけではありません。秀忠と彼の周囲の若いスタッフが成長するように、段階的に権限を移譲していったのです。

後継人事に失敗するリーダーは、いきなり辞めて、全部を後継者に委ねてしまうケースが多いようです。それでは相手は準備ができていませんし、リーダーの経験値も低いままなのでうまくいきません。

家康はまず、江戸の行政だけを秀忠に任せました。

そして、秀忠、その側近＝次代の老中候補が要領を得てきたなら、今度は関東全域を任せます。その間、少々の失敗《ミス》に関しては目をつぶります。場合によっては、事態が悪化しないように裏から手を回してフォローもします。

次は東日本全体を、最終的には日本全国を任せていきました。家康が最後まで握りつづけたのは、対豊臣問題のみでした。もし、秀吉の忘れ形見である豊臣秀頼を殺すようなことになれば、悪名が残ります。家康は秀忠に、それを負わせたくなかったのです。

「この件だけは、わしが処理する」

家康は腹を括っていました。

いずれにせよこのやり方は、家康がまだ生きているうちに順次任せていくわけですから、何かあれば秀忠は先代に相談できますし、解決策のアドバイスを得ることもできました。


さらに家康は、次のリーダーが働きやすい環境を整えていきます。

いわゆる、地ならしです。二代将軍を秀忠と決めてから、将来の彼の政権に邪魔になるであろう人物を、次々と排除していきました。

例えば、大久保忠隣《ただちか》という古参の文武に秀でた家臣がいました。彼は武勇に優れ、それゆえ秀忠の後見を託された人物ですが、将軍となった秀忠には、煙たい存在になる可能性がありました。

また、幕府の財政全般を任されていた大久保長安《ながやす》も、家康はその死を待って、一族ことごとくを排除しました。なにしろ長安の関係者には、クセ者の伊達政宗がいます。この政宗の娘は、秀忠と折り合いの悪い弟＝家康の六男・松平忠輝《ただてる》に嫁いでいました。

忠輝―政宗―長安――このラインで陰謀を企まれたら、秀忠では対抗できないかもしれません。それを見越して家康は、大物で手の出しにくい政宗以外の人物を、次々と排除していったのです(正しくは、政宗をも大坂の陣の直後、家康は武力討伐しようとしましたが、これは直前に家康と政宗の会見で回避されました)。

こうして、徳川幕府の基礎は固まったのです。家康の場合は、辞めることを前提にしたというより、自分が間もなく死ぬことを前提にした行動であった、といえるでしょう。

組織の将来に貢献しようと決めていた伊庭

第四章で紹介した、〝住友〟の二代総理事の伊庭貞剛も、最初から辞めることを前提にしてリーダーとなった人でした。

自分が長くリーダーを務めると思っていないので、新しい活力を組織にどんどん投入することができたのです。若い人や異業種の人を次々にスカウトして、重要なポジションにつけていきました。

例えば、住友家の当主に迎えたいといわれ、躊躇した徳大寺《とくだいじ》隆麿《たかまろ》には、こういって説得したそうです。

「住友はたかが銅を吹いて儲けたくらいのものですから、潰してもらっても結構です」

伊庭は緊張する相手に、「楽な気持ちで取り組んでくれればいい」と伝えたのでした。

フッと肩の力が抜けた徳大寺は、伊庭の説得に応じたといいます。


日本で初めて、「合議制の重役会」を開いたのも伊庭でした。

それまで多くの会社では、重役会すらまともに開かれていませんでした。

あるいは開催されても、ワンマン社長や発言権のある人物が、「今後はこうする」と一方的に宣言して、出席者は追認するだけだったのです。

しかし、伊庭は皆で相談して、合議制のもとに物事を決定する重役会が必要である、と考えていました。辞めることを見据えていた彼だからこそ、自分がいなくなっても組織がしっかり機能するために、何が必要であるかを客観的に考えていたわけです。

伊庭のかつての上司にあたる、住友財閥をつくった広瀬宰平は、あまりにも己れが成した功績が輝かしいばかりに、それらに目がくらみ、引き際を自分で決めることができませんでした。彼を一線から引かせたのも、伊庭の功績でした。

すでに江戸は明治となり、幕末の荒っぽいやり方を引きずる広瀬は、時代に合わなくなっていました。伊庭は最終的には住友家当主となった徳大寺隆麿の実兄・西園寺公望《さいおんじきんもち》に頼み込んで、広瀬を説得してもらい、ようやくこの叔父に退場してもらいました。

五十八歳の伊庭は、雑誌『実業之日本』に寄せた原稿で、次のように述べています。「事業の進歩と発展に最も害をなすものは、青年の過失ではなくて、老人の跋扈《ばっこ》（のさばること）である」――その言葉どおり、この記事を発表した年の七月に、彼は住友家を去りました。ひっそりと、まさに立つ鳥跡を濁さずの、見事な引き際でした。

最初から辞めることを考えてリーダーを務めるのは、一見、無責任に思われるかもしれませんが、二人の例で紹介したように、自らを客観的にとらえ、視野を広くもち、己れの保身を排除することができるなど、将来の組織にとってのメリットは実に大きいのです。

これからリーダーになる人、なったばかりの人は、どうか組織のリーダーのあるべき姿として、退場の際における自らの指針を、明らかにしておいてほしいと思います。

責任の取り方 三

次につなげる

リーダー：徳川秀忠、徳川慶喜

リーダーになったからといって、長期政権をめざす必要はありません。

むしろ、自分はリーダーに向いていないとか、やりたくないのにやらざるを得なかったという人は、堂々と短期政権のつもりで取り組めばいいのです。

ある種のリリーフ的なリーダー——短期間だけ全うするつもりで仕事をするのは、決して悪いことではありません。

次代の人間が仕事をしやすくするための、環境を整えれば、いずれ感謝されることでしょう。

典型的な人物は、江戸幕府の二代将軍・徳川秀忠です。

自分はリリーフの将軍でいいと決めた秀忠の覚悟

徳川秀忠は、家康の長男ではありません。彼の上には信康《のぶやす》、秀康《ひでやす》という二人の兄がいました。どちらも優秀な武将でした。合戦をやらせても、強かったと記録にあります。ところが長兄の信康は、カッとするとキレるという徳川家の血に加え、武田勝頼との内通を疑われて、織田信長から切腹を命じられ、秀康は豊臣家に養子に出されてしまったために、徳川家の後継とはなれませんでした。

残された秀忠は、優れた二人の兄に比べて、数段劣る人物と思われていました。その評価を決定づけた有名なエピソードが、「関ヶ原の戦いへの遅参」でしょう。

石田三成を主将とする西軍の旗揚げを聞いた家康は、一度江戸に戻り、いよいよ江戸を発つ際、徳川軍を二手に分けます。自分は東海道を進み、秀忠には三万八千もの正規軍を与えて、中山道《なかせんどう》を進ませました。

ところが、「一刻も早く美濃に到着せよ」との命令を受けていたにもかかわらず、秀忠は途中で、西軍の真田昌幸《まさゆき》──信繁《のぶしげ》(俗称・幸村《ゆきむら》)の父子がいる信州・上田城(現・長野県上田市)に足止めを喰ってしまいます。その結果、関ヶ原の決戦に間に合いませんでした。

これは徳川家の、嫡男（家を継ぐ男子）としては大失態です。

結果は東軍が勝利したものの、徳川本隊の三万八千もの将兵、本多正信《ほんだまさのぶ》や榊原康政《さかきばらやすまさ》といった名の知れた幹部も、〝天下分け目〟の決戦に参加することができなかったのですから。

しかし、東軍と西軍の一大決戦がたった一日で決着するとは、あの時代の誰も予想できなかった以上、秀忠を無能と断じるのは早計でしょう。

中世最大の内乱＝応仁《おうにん》の乱は、十一年に及んでいます。秀吉と家康が戦った小牧・長久《ながく》手《て》の戦いも九カ月つづきました。筆者は家康父子の策略――万一、関ヶ原の戦いで東軍が敗れた場合を考え、帰国ルート＝中山道を確保するために、あえて秀忠軍は上田に駐屯していた、と考えてきました。遅参は、予想外の展開の結果だったのです。

ですが、〝遅れた〟というレッテルを世間に貼られた秀忠の心中は、いかばかりであったでしょうか。

その後、大坂冬の陣、つづく夏の陣では、彼は〝関ヶ原遅参の汚名〟を返上をすべく、懸命に働いています。

一方、関ヶ原の戦いから三年後に、家康は征夷大将軍になりました。まだ大坂城に豊臣秀頼がいるのに、事実上の武家のトップとなったのです。そして家康はその将軍職を、二年後に秀忠に譲りました。秀忠が世襲の二代将軍となったわけです。
とはいえ、秀忠本人は自分が諸大名を束ねる将軍の器だ、などとは自惚《うぬぼ》れていませんでした。

秀忠が優れていたのは、自分を〝リリーフの将軍〟でいい、と思い定めていたところです。三代目の将軍となる息子の家光《いえみつ》が育つまで、自分が中継ぎをする覚悟でした。徳川家を盤石の体制にすることだけに、秀忠は腐心しようと決めていたのです。

まず彼は、引退した家康を「大御所《おおごしょ》さま」とひたすら立てました。決して、現将軍である自分の時代だとはいわず、何事にも控えめに振る舞っています。同時に、次代につなげるために、息子の家光にとって邪魔になりそうな人物を、自らの手で排除していきました。前述の家康のやり方に、倣ったわけです。

弟の忠輝や、兄・秀康の子である忠直《ただなお》は改易《かいえき》処分にしました。外様大名の大物である福島正則も、事実上のお家断絶にしています。これは父の家康には、できないことでした。

なぜならば、関ヶ原の戦いで正則は東軍の先鋒を務め、獅子奮迅の働きをして、東軍を勝利に導いた立役者です。総大将をつとめた家康からすれば、恩人であったわけです。

けれども、代替わりした秀忠であれば、感情を排して政治上危ない正則を、きっぱりと処分できます。非難されることも、父の時代ほどではありませんでした。

また、家康の謀臣として関ヶ原の戦いを勝利に導いた、本多正信の息子・正純《まさずみ》も、将軍秀忠は排除しました。

その結果、徳川幕府は家光の時代に、完成形を迎えることができたのでした。

次の時代の日本のために己れを押し殺した徳川慶喜

次に繋げるための、期間限定リーダーをまっとうするという意識は、同じ徳川の〝最後の将軍〟慶喜にも引き継がれました。

彼は、自ら政権を朝廷に返上するという、大政奉還を決断しました。

その後、大坂城に留め置いた旧幕府軍を抑え切れずに開戦に及び、鳥羽・伏見の敗戦のあとは、ひたすら神妙にして、朝廷に降伏の姿勢＝恭順《きょうじゅん》の意を貫いたのでした。

慶喜のこのやり方を、「幕府を見捨てた勝手な振る舞い」と非難する人もいます。

しかし、最後の将軍の彼が一切の抵抗を示さなかったからこそ、旧幕府及び佐幕派諸藩の連合軍と官軍の全面戦争は起こらず、犠牲者も少なくて済んだ、ともいえるのです。

いずれにしても、慶喜は周りに理解されにくい人だった、といえるでしょう。彼は頭が良すぎたのかもしれません。普通の人は一、二、三……と段階を追って理解していくものですが、慶喜は一の時点で、もう三、四の先まで理解してしまうのです。

そのうえ、決断も早いため、即座に動きを変えてしまいます。当然、周りの人間には、なぜ慶喜が行動を変えたのかがわかりません。まさか慶喜さまが豹変《ひょうへん》するはずがない、と思い込んでいる人々は、側近があらぬことを吹き込んだからだ、と邪推しました。

その結果、慶喜の優秀な側近たちは、次々と暗殺されてしまいました。渋沢栄一を世に出すきっかけをつくった、平岡円四郎や先輩格の原市之進《はらいちのしん》も暗殺されています。


最後に慶喜の犠牲になったのは、旧幕臣きっての切れ者・小栗上野介忠順《おぐりこうずけのすけただまさ》でした。彼には薩長に対抗する、強力な具体的プランがありました。

フランスから借金をして、日本をフランス式の郡県制に改め、近代造船所や製鉄工場を整備して、経済力・軍事力を大幅に増強するというものでした。

この作戦を小栗から提案された慶喜は、それを一旦認めました。そして勘定奉行や陸軍奉行などの要職に、小栗をつけています。

しかし、慶喜は鳥羽・伏見の戦いで薩長連合軍＝官軍に敗れると、そのまま友軍を上方に置きざりにしたまま、大坂から軍艦開陽丸《かいようまる》で江戸に逃げ帰ってしまいました。

江戸城は当然のごとく、官軍をめぐって和戦両論で大揉めとなります。

その大評定の席で、小栗は立ち去ろうとする慶喜の袴を摑んで、「フランス式歩兵と旧幕海軍があれば、薩長に勝てます」と引き止めます。が、慶喜はその手をパッと払って、そのまま退室してしまいました。そして、自らは上野の山に謹慎してしまったのです。

これが、慶喜という男でした。

頭がよく、先が見えすぎた慶喜は、周りも自分と同じものが見えていると思っていたのか、それとも説明しても理解できまい、と諦めていたのかはわかりませんが、いずれにしても彼は、他人に細かく説明責任を果たそうとはしませんでした。

大坂から撤退し、恭順の意を表したのは、あくまでも次代の日本のためであり、国内での戦争を避けるためで、私利私欲で逃げたわけではない、と理路整然と誰でもがわかるように、説明しなかったのです。

慶喜の中では、これ以上、幕府が本気で官軍と戦争をつづけたら、本格的にフランスの力を借りなければならなくなる、とわかっていました。そうすれば薩長両藩は幕府に対抗して、イギリスと組むことになります。

外国勢力を頼りにして内戦を始めたら、混乱する日本の諸藩を欧米列強に狙われ、日本は植民地にされる可能性が高かったのです。

それが見透かせたからこそ、慶喜は自ら悪名をかぶってでも、日本の未来を救おうとしたのでしょうが、「明治」となって自身の名誉回復がなされるまで、彼は何一つ真実を語ろうとはしませんでした。

いずれにしても、リーダーの皆さん、自分はあくまでもリリーフである、と一度は意識してみてください。少しは気持ちが、ラクになるのではないでしょうか。

人は誰しも、終わりが見えないと不安になるものです。先が見えていたら、結末が予測できていれば、結構、思い切っていろいろなことができるのではないか、と思います。

リーダーもこの際、〝期間限定〟を心掛けてみられてはいかがでしょうか？

責任の取り方 四

現実を直視する

リーダー：小林虎三郎

リーダーであれば、時には認めたくない現実とも、シビアに向き合わなければなりません。どんなに手を尽くしても、納期に間に合わない時もあるでしょう。目標数値に達しない時もあります。

また、多忙な時に限って、信任して可愛がっていた部下が突然、辞めてしまうかもしれません。

それでもリーダーは、現実から目をそらしてはいけません。

そむければ、一時的に気持ちはラクになるかもしれませんが、再び同じ現実が倍返しで襲ってきます。

たとえ、どんなに苦しくても現実を直視し、打つべき手を着実に打っていきましょう。

幕末維新のおり、目をふさぎたくなる現実に、敢然と立ち向かったのが、敗戦藩の責任者・小林虎三郎《とらさぶろう》でした。〝米百俵〟の逸話で、一部の人には知られています。

理想の継之助、現実の虎三郎、さて勝者は？

彼は、明治になってから越後《えちご》長岡《ながおか》藩（現・新潟県長岡市周辺）の大参事《だいさんじ》となった人物です。虎三郎は幼少時に疱瘡《ほうそう》にかかり、左目を失明するハンディを負っていました。身体も頑健ではなく、よく寝込んでいます。

それでも懸命に学問に打ち込んだ結果、佐久間象山《しょうざん》の塾では見事な成績を修めました。長州藩の吉田松陰（幼名・寅次郎《とらじろう》）と並び称され、佐久間門下の〝二虎《にこ》〟〝両虎《りょうこ》〟と呼ばれたほどでした。

そんな虎三郎の長岡藩が、幕末維新のおりに、難しい現実に直面します。慶応三年（一八六七）十月、十五代将軍の徳川慶喜が朝廷に政権を返上する、いわゆる「大政奉還」を行いました。

そして、旧幕府軍と官軍との間に戊辰戦争が勃発します。鳥羽・伏見で開戦の口火を切らされた慶喜自身は、途中、身を引きましたが、その後、東日本の佐幕派の諸藩と、薩長両藩を中心とした官軍との間では、戦争が起きました。

その最中、長岡藩のオピニオンリーダーとなったのは、家老の河井継之助《つぐのすけ》です。彼は虎三郎の一つ年上で、二人は幼馴染でもありました。

継之助の主張はこうです。

「長岡藩は朝廷にも、幕府にも与《くみ》しない。人道の義理に徹し、公・武の間を取り持ち、戦争を阻止すべきだ。それが徳川譜代の大名である、わが牧野家の進むべき道である」

すでに幕府自体は機能しておらず、江戸は無血開城していました。そうした中で会津・米沢・仙台といった藩を中心に、奥羽越《おううえつ》列藩同盟が結成されていきます。

そうかと思うと、西日本では次々と、官軍の最新兵器によって降伏する大名家が続出。石高が七万四千石程度の小藩＝長岡藩に、本当に〝第三の道〟を行くだけの力などあったのでしょうか。

当然、虎三郎は藩の命運を決める会議で、継之助の意見に真っ向から反対を表明しました。

「夢みたいなことをいっている場合ではない。現実を直視しろ。今の牧野家に、そんな力があるわけがないじゃないか。さっさと、官軍に降参すべきだ」

虎三郎の主張は、現実的なものでした。

しかし、官軍に降伏すれば、軍用金を差し出し、会津藩を攻める際には先鋒を務めなければなりません。それでも実現不可能な理想を掲げて、官軍と全面戦争になるよりは、はるかにマシだ、と虎三郎は考えたのです。

けれども、藩士の大半は継之助の意見に賛成。結果として長岡藩は官軍を敵に回し、戦って惨敗します。

継之助は途中、戦病死しました。長岡藩の城下町は二度焼かれ、藩士も領民も塗炭《とたん》の苦しみを味わったのでした。

巨額の賠償金を取られ、石高も大きく削られた長岡藩では、藩士は日に一杯のおかゆをすすることもままならないほどの、貧困にあえぐことになりました。そんな窮状をみかねた支藩の三根山《みねやま》藩が、見舞いと称して米百俵を送ってくれました。

これで米のメシを食べられる、と喜んだ藩士たちに対して、終戦処理を担った虎三郎は、猛然と異を唱えました。

「この米は、われわれが今、飢えをしのぐために食べてはならない。最初の段階で降伏していたら、決してこんな惨状にはならなかった。これからの長岡のために、冷静に物事を考えられる人間を作るために、この米百俵は使うべきだ」

彼の主張に従い、百俵の米は書籍、器具の購入のために売却され、その代金をもって国漢学校の設立に注ぎ込みました。

これが旧制長岡中学(新潟県立長岡高等学校の前身)となります。

現実を直視することは痛みを伴い、癒やされるまでに時間がかかることもしばしばです。

それでもリーダーは、決して現実から目をそむけてはいけないのです。その教訓を小林虎三郎は、私たちに懸命の思いで伝えてくれています。

【日本史コラム】

失敗したリーダー 五

「大義名分」は諸刃の剣

リーダー：河井継之助

チームを動かすために、「大義名分」は大事な要素であると第二章で述べました。

しかし、リーダーはそれに固執してはいけません。

一番大事なのは、「大義名分」ではないからです。

「大義名分」を推し進めた結果、メンバーに負担をかけたり、チームがバラバラになってしまったら、それこそ本末転倒です。

現実的ではない、大義名分を無理に押し通すのは、リーダーの自己満足でしかありません。

残念ながらそれをしたのが前述の、越後長岡藩の家老・河井継之助でした。

理想と現実の板挟みになった継之助の選択

河井家は代々、長岡藩主の牧野家に仕えていました。河井継之助の父・秋紀《あきのり》は、藩の勘定頭《かんじょうがしら》を任されていました。

継之助は若くして才覚をあらわし、三十代の時には刈羽《かりわ》郡(現・新潟県柏崎市の大半、長岡市の一部と刈羽郡刈羽村)で起こった百姓一揆の鎮撫にあたります。

彼は生命を賭して、農民たちに理非曲直《りひきょくちょく》を明らかにし、説得にあたりました。この功績が認められ、それから四年の間で、継之助は家老上席まで出世したのです。そんな彼の運命を変えたのが、徳川慶喜の大政奉還でした。

越後長岡藩牧野家は、三河以来の譜代の家柄です。藩主は徳川家を支えるのが使命であり、家臣もそう教育されてきました。ですから、幕府存亡の危機に際し、幕府側につくのが理に適った選択であったわけです。

とはいえ、徳川家は幕府を降り、慶喜は恭順、謹慎。周りの譜代藩も、次々に政府軍=官軍に寝返っていきました。

そんな中、あくまでも旧幕府（といっても、実体は徳川家というよりは佐幕派諸藩）に味方することに踏み切れず、かといって官軍に走ることも潔くありません。

結果、継之助は「ならばわが藩は、第三の道をいく」といい出したのです。

すなわち、今後、幕府と朝廷が和解する際には、その仲裁をするのが譜代の藩であるわれらの役目だ、と主張しました。

輸入した最新鋭のガトリング砲（連発砲）があるし、洋式銃で武装した精鋭三千人もいるから、一年や一年半はもちこたえられるだろう。

「わが藩は中立を保って、やがて和解の日が訪れたならば、両者の仲をとりもとう。それが、わが藩の大義名分である」

理想としては、美しいかもしれません。

会議では満場一致に近い形で、継之助の意見が通りました。藩主・牧野忠訓《ただくに》も、継之助の案を受け入れました。

幕府への恩義もあるし、降参したら官軍に軍用金を差し出さなければなりませんし、最前線を受け持たされてしまいます。

筆者は、多くの藩士は目前に迫った戦を危惧したのではないか、とりあえず避けたい、とそれだけを考えたのではないか、と疑っています。

この時、前出の小林虎三郎は「官軍に降伏しよう」と反論しましたが、大勢は聞き入れてくれませんでした。

冷静に考えれば、虎三郎の選択が最適でした。

なにしろ、旧幕府＝徳川家も降参していたのですから。多くの人命を守るという観点から考えても頷けます。にもかかわらず、多数決を採ったら継之助の案になってしまったわけです。

大義を失ったら野蛮な世界になる。しかし……

継之助は、官軍の陣営へと交渉に向かいました。

けれども、牧野家の提案はその場で一蹴されてしまいます。

官軍からすれば、長岡藩に譲歩する理由はなく、本来は交渉する余地すらなかったのです。

彼らからすれば、長岡程度の小藩にいつまでも関わってはいられません。さっさと金と兵を出し、官軍に加わって会津攻めをするならば許す、といっているのに、「我々は中立を保って……」なんて、何をいっているんだというわけです。のちに官軍の幹部からは、「河井継之助を生かして帰さなければよかった」とまでいわれる始末です。

結局、最新兵器で長岡を攻めた官軍により、あっという間に長岡城は占拠されます。その後、継之助は一旦城を奪い返しますが、四時間しか持ちこたえることができず、再び占拠されてしまいました。

城下町は二回も、戦火にさらされてしまったのです。

戦いでケガを負った継之助は、会津に落ちのびる途中で戦病死しました。

世の中から大義が消えてしまったら、ただの野蛮な世界になるだけかもしれません。ですが、時と場合により、リーダーにはこうした大義をとるか、現実をとるか、の厳しい選択が迫られます。

重要なのは、最大公約数の幸せ、生命の全うです。すなわち、生き残ること。

そこを誤ることがないように、リーダーは苦境、逆境にあっても、選択眼を磨く必要があるようです。

第六章

CHAPTER06

自分との向き合い方

リーダーが嫌になった時が
もう一度自分と向き合う時

悩んだら座禅を組む

リーダー：上杉謙信、山岡鉄舟

最近、ビジネスパーソンに「瞑想《めいそう》」や「禅」が流行っているようです。

「禅」とはサンスクリット語でいう、ジュハーナの中国音訳です。

意味は、「瞑想する」「集中する」——。

心を静めて、無心になり、己れと向き合うわけです。

昔（鎌倉時代あたり）から、日本人は座禅を組んで、自己と対峙してきました。

なかでも有名なのは、戦国の天才戦術家・上杉謙信でしょう。

彼は何かあればお堂に籠り、座禅を組んで、何日間も己れの心——心の中の毘沙門天——と対話をしていました。

そうやって迷いを断ち切り、進むべき道を見定めていたのです。

信玄の真意を見抜いた謙信の瞑想力

永禄四年（一五六一）、謙信は北条氏康《うじやす》を討つため、相模《さがみ》（現・神奈川県の大半）の小田原城攻めに向かいました。

小田原城に至るまでに沼田《ぬまた》城（現・群馬県沼田市）、厩橋《まやばし》城（現・群馬県前橋市）をまたたく間に落とし、破竹の快進撃を示しています。

関東一円は本来は北条氏の支配下ですが、上杉軍の勢いを見た周辺の小大名や土豪は、次々と謙信に味方し、彼の軍に加わっていきました。

その動きに対して北条氏康は、激突を避け、早めに各城砦から将兵を引きあげさせて、本拠地の小田原城に立籠りました。

そして、三国同盟（北条・今川・武田で結んだ軍事同盟）に従い、武田信玄に助力を要請したのです。

信玄は甲斐《かい》（現・山梨県）から信濃（現・長野県）へ軍勢を動かしました。彼は上杉勢の後方に、陣取ったのです。

それを知った上杉軍に動揺が起き、波紋が広がりました。

「もし、越後を突いたならば……」

越後は上杉家の本国です。

謙信が主力の家臣をほとんど引き連れて、関東に進軍しているため、手薄になった越後を今、信玄に攻められたら、ひとたまりもないのではないか、というわけです。

軍議の場では、一刻も早く軍を引き返して、武田軍に当たるべし、という意見が続出しました。

にもかかわらず、一人謙信には動揺の色がありません。彼には信玄の動きの真意が読めていたからです。

「慌てる必要はない。信玄は本気で越後を攻めるつもりなどはない。あの男の本心は、われらと北条氏康を戦わせ、あわよくば共倒れになってほしいはず。もしそれでも越後に足を踏み入れるというならば、私は小田原を潰して、甲斐に攻め入るのみ。信玄は、北条家への義理立てで、形だけ兵を出しているに過ぎない」

日頃から一人でお堂に籠り、様々な状況を頭でシミュレーションし、心に描いてきた謙信には、想定の範囲内だったのでしょう。この謙信の読みは、のちに信玄本人の言として的中していたことが明らかとなっています。

ところが、謙信が小田原城に殺到する以前、彼の計画はご破算になってしまいました。今回、謙信が率いていたのが「連合軍」であったからです。

謙信の家臣団だけならば、主君の言葉に皆が無条件で従ったのですが、他の地域の武将たちからすれば、謙信の推論に一理あるとしても、万が一、間違っていたら上杉軍が挟撃されてしまう、との疑念が払拭できませんでした。

そのため小田原城攻めには賛同せず、結局、謙信も進軍を止めざるをえませんでした。

のちに、このときの軍議の内容を耳にした信玄は、

「さすが謙信は、恐ろしい男よ。あのまま小田原城を攻められていたならば、準備不足でおそらく、小田原は落城していただろう。そうなれば、返す刀で甲斐もあぶなかった」

とつぶやいたそうです。

謙信の戦《いくさ》の才能は、持って生まれたもの、ととらえられることができます。

しかし彼は、つねに己れの心の内と向き合い、戦略を練っていたのです。

ですが、小田原城はうまくいきませんでした。自問自答で物事を考えることの多いリー

ダーは、周囲の不審を抱かせないよう、常日頃から説明責任を果たす努力をしていただきたいものです。

試合で負けるたびに座禅を組んで瞑想した鉄舟

幕末の剣豪・山岡鉄舟《てっしゅう》もまた、座禅を組み、己れと向き合うことを常とした人でした。鉄舟には、どうしても勝てない浅利又七郎義明《あさりまたしちろうよしあき》という剣術の先生がいました。浅利は一刀流《いっとうりゅう》中西派を学んで、のちに浅利派を立てた凄腕です。鉄舟はこの浅利に長い間、一本も取ることができませんでした。

そこで鉄舟は負ける度に座禅を組み、自分が負けたパターンを何度も何度もくり返し、頭の中でシミュレーションしたといいます。

そのうえで、どうやったら勝てるのかを考え、今度はそのためのシミュレーションをつづけたのでした。夜更けから座禅を組んで、気がついたら夜明けになっていたことも、再三でした。

そんなある日、ハッと心に閃《ひら》くものがありました。

これなら勝てる、と鉄舟は確信したのです。

自らの工夫を門人を相手に確認したうえで、鉄舟は浅利と対峙します。その鉄舟の構えを見た浅利は、「もはや立ち合う必要はない」と納得、免許皆伝を授けたそうです。


ふと迷いが生じた時、空いた時間を利用して、座禅を組みながらシミュレーションをするのも、リーダーにとってはいいことだと思います。

なにも座禅そのものに、こだわる必要はありません。

散歩でもガーデニングでも、何でもいいのです。

要は心をサラにして、ゆったりできる時間を創ることです。

考えが整理され、進むべき方向が見えてくるはずです。

もっと自分を信じる

リーダー：北条政子

自分は正しい選択をしているのだろうか——。

リーダーであれば、自問自答することがあるはずです。

常にリーダーは、孤独なもの。

自分を信じられる人間が、勝つのが歴史の法則です。極論すれば、自分をどこまで信じられるかが、リーダーには試されているわけです。

あきらめないかぎり、負けにはなりません。

もうダメだと思うから、そこで終わるのです。最後には必ず勝てる、と信じて打ち込んでみて下さい。

自分を信じ抜いて、成功を引き寄せた人物に北条政子がいます。

鎌倉幕府滅亡の危機を救った政子の強い思い

北条政子は伊豆の小豪族・北条時政の娘です。時政は、源頼朝を補佐して鎌倉幕府を創業し、初代の執権を務めた人物です。政子は頼朝の妻となります。

とはいっても、その道のりは決して平坦なものではありませんでした。

むしろ、苦境や逆境の連続でしたが、政子はいい意味でも悪い意味でも、自分を信じて突き進むタイプの女性でした。

例えば、のちに結婚する源頼朝との出会いも、今風にいえば略奪愛でした。

頼朝は最初、政子の妹にラブレターを送ったのですが、政子は妹から頼朝を奪い、二人は結ばれた、との説があります。政子の方が、頼朝に惚れたのでしょう。

しかし、政子の父の時政は、当時、流刑人だった頼朝との恋仲を認めませんでした。

そして政子を強引に、伊豆目代の山木兼隆と結婚させようとします。

ところが、ここでも政子は自分の意志を貫きました。前出のように婚姻の夜に、密かに抜け出して、頼朝の許へ走ったというのです。

とにかく、政子は自分に正直であったのでしょう。

頼朝とともに、鎌倉幕府を築き上げた政子でしたが、その後、頼朝の急死で、鎌倉幕府は滅亡の危機を迎えます。

加えて、二代将軍となった長男頼家との確執、彼を幽閉(その後、暗殺されます)。三代将軍とした次男の実朝は、頼家の子である公暁《くぎょう》に殺されてしまいました。

あげく、こうした幕府の混乱に乗じて、後鳥羽上皇が政子の弟である執権(二代)・北条義時を追討する院宣を下したのでした。のちにいう、「承久の乱」の勃発です。

義時が朝敵になったことで、幕府の〝御家人〟が集う会議は紛糾しました。

当時の鎌倉幕府は、日本で最初の武家政権であり、まだ三十年そこそこの歴史しかありません。それまでの数百年は、朝廷が日本を支配していたのです。

その権威に震え上がった御家人も、少なくありませんでした。無理もありません。なにしろ朝廷に逆らって勝った勢力は、これまでの日本史になかったのですから。

ここが、正念場でした。幕府最大の危機を救ったのが、家庭的には不幸を重ねてきた政子でした(彼女は長女の大姫《おおひめ》も病で失っています)。

政子は意気消沈する御家人たちを前に対して、堂々と演説を行い、ムードを一変させたのです。

まず彼女は、すでに亡くなっていた頼朝との出会いから語りはじめ、一人の娘（姫御《ひめご》前《ぜん》・大姫）と二人の息子（頼家・実朝）まで失ったことを涙ながらに振り返ります（『承久記』）。そして、自分がここに生きているのは、頼朝が残した鎌倉幕府を守るためだ、と宣言したのです。

「もし上皇方につきたい者がいるなら、今ここでハッキリと述べよ！」

政子の覚悟を聞いて御家人たちは、改めて幕府への忠誠を誓ったのです。そして十九万騎もの大軍勢が京に攻め上がり、上皇方の軍を打ち破ったのでした。

リーダーが自身を疑えば、部下は拠り所を失ってしまいます。

リーダーが自らを信じることは、とてつもない力を、その集団に発揮させることを忘れないでください。

自分との向き合い方 三

もっと小心であれ

リーダー：立花宗茂、上杉鷹山

自分は小心者である、と自覚しているリーダーは実のところ強いです。

歴史を紐解くと、勝ち残っているのは、決して豪胆なリーダーばかりではありません。大胆不敵であるがゆえに、詰めが甘かったりして足をすくわれた人物は大勢います。

筆者はコロナ禍の中、オンラインなどで講演する際に、経営者の方々にこんな話をしました。

「コロナ禍による損失は、防ぎようがなかった。コロナ自体を予想することは不可能だった、と皆さまはお考えかもしれません。ですが、生涯無敗の戦国武将・立花宗茂にいわせれば、やはり私たちは〝油断〟していたのです。天変地異が起きても、自分は生き残れる、自分の会社は盤石だ、といえる覚悟と用意をしていなかったのです。宗茂の頭には、常にそれがありました。だから彼は勝ちづけることができたのです」

ここで例に挙げた立花宗茂は、前述したように生涯負け知らずの武将であり、一方で大胆でありながら小心を心掛けた人物でした。

宗茂が生涯で一度も負けなかった理由は、徹底した調査《リサーチ》、つまり準備にありました。

彼は奇襲戦を仕掛けることが多く、そのために綿密な事前調査、準備をする必要がありました。

周囲の地理を把握し、敵の配置を調べ、どこにどのような兵種が何千、何百人いて、どの種類の武器を用意しているのかを、徹底的に知ったうえで、どの方面からどの陣を攻め、どういう順番に襲撃するかを、組み立てていったのです。

宗茂は常に、もしうまくいかなかったら、と考えて、次善の策、さらなる次々善の策まで準備を怠りませんでした。

完璧な準備をしていても、不測の事態が起きる可能性はあります。

予想外の援軍が敵にいたらどうするのか？　最初の陣を抜くのに、予定外に手間取った場合は……？

彼は次善の策を用意し、最悪の事態までシミュレーションをくり返し、計算しました。

だから、生涯不敗の戦歴を残すことができたのです。

家臣一人ひとりに語りかけて協力を要請した鷹山

持ち前の小心さで成功したのは、江戸時代の大名・上杉鷹山《ようざん》(諱《いみな》は治憲《はるのり》)です。名門・上杉家に養子に入った鷹山は、藩政改革を行い、見事、藩の財政を立て直した人物です。

十五万石の領地から、三十万石の収入を得ることに成功しました。財政破綻寸前まで追い込まれていた上杉家を立て直すため、鷹山は倹約令を出し、地元の名産を売って、収入を増やそうと懸命に取り組みました。

ところが、謙信公以来の上杉家の家臣たちは、やたらと名門意識が強く、若い主君の、しかも養子が出す倹約令などに、当初、まったく従いませんでした。荒々しい大名であれば、「主君の命に逆らうとは心得違いも甚だしい」といって、家臣を厳罰に処したでしょう。

しかし、鷹山は性根《しょうね》(根性)こそ負けずぎらいでしたが、養子であり、繊細な神経の持ち主でもありました。

彼は重臣の一人ひとりに語りかけるような親書を送って、まずは自分とともに改革に取り組んでほしい、と懇願《こんがん》します。

しかし、この鷹山の姿勢を弱腰である、と重臣たちは侮ってしまったのです。

彼らはますます、主君に反発しました。

江戸から帰国した鷹山に対して、禁止されている美麗な衣服をあてつけのように着て出迎え、逆に弾劾状を突きつけるという、家臣にあるまじき行為にまで及んでいます。

さすがにここまでのルール違反を見逃せば、上杉家の秩序が崩壊するため、鷹山は養父・重定《しげさだ》の協力を得て、彼らを罰しました。重臣二人は切腹、他は知行《ちぎょう》(俸禄)を削り、隠居や閉門の処分を下したのでした。

周りにやることを表明して、自らを奮い立たせる

鷹山は新しい取り組みを発表する前に、密かに神社仏閣に起請文を出し、その決意を神仏に対して誓っていました。

自分が小心者であり、辛くなったら逃げそうになることがわかっていたから、彼はあらかじめ「私はこれをやります」と表明して、自分を奮い立たせていたのです。やるといったのに、できなければ恥をかく、ならばやるしかない。

つまり、小心だからこそ、有言実行タイプになれたのでしょう。

日々、質素倹約に自ら徹し、新しい農作物や米沢織りなどを工夫する歳月を積み重ね、鷹山は五十五年間かけて、ついには上杉家を再建しました。


小心で繊細な人間は、リーダーに向いている、と筆者は思っています。

ただし、単なる小心者では困ります。気が弱くて、すぐに逃げようとするのではリーダー失格です。

小心でありながら、心のどこかに楽天性があることが大切です。

鷹山も心の奥底では、「懸命に取り組めば、何とかなるのではないか」との思いがありました。要は、自らの言動にブレが生じないようにすること。

その点、彼は小心であるがために、物事を過大に心配して、事前に細やかな気配りをしました。

そして完璧に準備を整えて、一生懸命に実行に移します。そのため、ブレるということが、生涯、ありませんでした。

ちょっと図々しいかもしれませんが、自分に「小心」という才能があると自覚している人は、むしろそのことを、誇っていただければと思います。

自分との向き合い方 四

劣等感に向き合う

リーダー：徳川吉宗、高杉晋作

劣等感、コンプレックスは、誰しもが持っているものといえるでしょう。

それがエネルギーになる人もいれば、言い訳に使う人もいます。

ではリーダーにとって、劣等感はどう作用すれば、自身のプラスとなるのでしょうか。

歴史の世界では、それをバネにして成功した人が多かった、といえそうです。

また、もしあなたが、「劣等感のある自分に、リーダーが務まるのか」と悩んでいるならば、その悩みは意味がない、とお伝えできます。


例えば、名君として知られる江戸幕府八代将軍の徳川吉宗《よしむね》――彼はまさに、劣等感の塊《かたまり》のような人物でした。

吉宗の劣等感は、出自《しゅつじ》(生まれ)の低さにありました。彼は紀州藩主・徳川光貞《みつさだ》の四男となっていますが、そもそも彼の母親がハッキリしません。一説には、お風呂で光貞の世話をする女性だったとも、巡礼者だったとも、色々にいわれています。

いずれにせよ、身分の低い女性の息子ということで、吉宗は最初、家臣の家で生活していたほどです。兄たちに比べて、かなり差別されて育ちました。

その悔しさからか、まだ領地もない部屋住みの時代に、「将来はせめて十万石程度の大名になりたい」と家臣にいったりしていました。

劣等感のおかげで三十年間改革をやりつづけた吉宗

ところが、長兄の藩主綱教《つなのり》が死んでしまい、跡を継いだ次兄の頼職《よりもと》もわずか四カ月後に突然、死してしまいます。

そして、御三家の一《いつ》・紀州五十五万石の藩主の座が、吉宗に転がり込んできたのです。

吉宗は大変喜んだと思いますが、彼の出自について陰口をいう家臣も多かったでしょうし、新藩主のいうことに聞く耳を持たない家臣もいたでしょう。

吉宗が彼らに認められるためには、自分のリーダーとしての力を示すしかありません。成果を出せば、従ってくれるはず。だから吉宗は、必死に藩政改革に努めました。

取り組んだのは、「倹約」と「文武の奨励」の徹底です。

これは前述の上杉鷹山もそうでしたが、「倹約」を強要すると藩士の士気が落ちてしまいます。

それを補うのが、文武の鍛錬です。生活は慎ましいが、志はあくまでも高く！

吉宗自身も、食事や衣服を質素なものにして、藩士たちには武士らしい嗜《たしな》みを説き、ときには表彰するなどして、猛烈に藩政改革に取り組みました。

その結果、紀州藩の財政は好転し、吉宗は改革を成功させました。紀州藩主の吉宗は名君である、との評判が広がり、次はなんと将軍の後継者候補に、彼の名前が上がってくることになります。


とはいえ、将軍家に世継ぎがいない場合でも、御三家には序列があります。

本来なら、御三家筆頭の尾張《おわり》徳川家から次期将軍を選出するのが筋でした。

ところが当時、尾張藩主が次々に早逝し、嫡流が絶えてしまっています。

吉宗は、御三家でありながら年齢的に候補となっていなかった水戸の徳川綱條《つなえだ》（水戸黄門＝光圀《みつくに》の養子）、江戸城の大奥に対して、自分を将軍後継者に推してくれるように、と政治活動を展開します。

このガツガツしたパワーこそが、彼の劣等感ゆえに生まれた力といえるでしょう。出自が卑しいがゆえに、吉宗は己れを「あっぱれ天下の名将軍」と、人々に呼ばせたかったのかもしれません。

そしてついに彼は、八代将軍にまで上り詰めたのです。

吉宗は、紀州藩で成功させた「倹約」と「文武の奨励」を全国で遂行しました。元禄文化は江戸のバブル時代であり、万事が華やかになりすぎていました。その浮ついた空気を吉宗は、全部ひっくり返したのです。

改革のスローガンは「武士は武士らしくあるべき、商人は商人らしく」とわかりやすく、誰も正面切って否定はできませんでした。

以降、吉宗はおよそ三十年間にわたり、大岡越前守忠相《おおおかえちぜんのかみただすけ》のような人材を次々と登用し、享保《きょうほう》の改革を推進します。劣等感が大きければ大きいほど、やりつづけるパワーも大きかったということです。

くすぶっていた思いをエネルギーに変えた高杉

幕末にも、劣等感を力に変えた人物がいます。

高杉晋作もその一人です。若い頃の彼は、何をやっても失敗ばかりをくり返していました。海軍を学んでも、剣術を習っても、中途半端な状態で脱落。しかし高杉は、そんな自分に納得していませんでした。

彼はどうすれば自分が立派な男児となれるのか、を胸中に持ちつづけ、ついに吉田松陰と出会うことで、初めて自らの進むべき方向を、指し示してもらえたのです。

「高杉くん。学問は立身出世のためにするものではない。世の中をよくするためにこそ、学ぶのだよ」

師である松蔭の言葉に、高杉は目覚めました。今までは何のために学問をしているかもわからず、挫折をくり返してきました。けれども、世の中に役立つ、というはっきりとした目標を与えられたことで、彼は自分の進むべき道が、明確に見えたのです。

くすぶっていた思いをエネルギーに変えた高杉は、以降、長州藩きっての秀才・久坂玄瑞を当面の目標に学び、ついには久坂と並んで、長州藩の中核となり、維新回天に貢献しました。

最後に、リーダーが改革を進める際に気をつけるべきポイントがあるので、紹介しましょう。リーダーは自ら動いて、優秀なスタッフを集める必要があるということです。

既存のメンバーだけでは、現状にある程度満足しているので、改革には本気で協力してくれない可能性があります。下手をすれば、自分の既得権益が失われる、と考えるからです。前出の徳川吉宗は、若手の大岡忠相を町奉行に抜擢しましたが、高杉晋作は武士ではない庶民から人材を募って、奇兵隊を結成しました。

勝海舟は幕臣を頼らずに、坂本龍馬などの浪人者の、志ある若者を集めました。新撰組に至っては、全員が非エリート＝身分を問わず、腕に覚えのある人々の集団でした。

自分にリーダーがつとまるのか、と悩むこともあるでしょう。しかし、あなたにはリーダーに選ばれた理由があるはずです。何かが評価されたからこそ、今があるのです。

自分の持ち味は何なのか、何を求められているのかを考えれば、進むべき道が見えてくるのではないでしょうか。日本史からヒントを得たうえで、あなた自身の歴史＝これまでを振り返ってみていただければと思います。

【日本史コラム】失敗したリーダー 六

落としどころを事前に決めなかった

リーダー：阿部正弘

重要な決定を下す前に、多くのメンバーの意見に耳を傾けることは大切です。賢明なリーダーはそうあるべきですし、その方が民主的でもあります。

ただし、単に多くの意見を集めるだけでは意味がないことを、認識しておく必要があります。リーダーが、まったくのノープランで皆の意見を求めると、論争が拡大し、ついには収拾がつかなくなって、逆効果になりかねないからです。

その典型的な失敗例が、幕末の筆頭老中・阿部正弘《まさひろ》でした。

彼はペリーが黒船で来航した時に、幕府の事実上の最高責任者だった人物です。

阿部は攘夷（戦争）をするか、開国（貿易）を許すか、という二者択一を迫られます。

なにしろ、それまでの約二百五十年もの間、幕府は鎖国をして、限られた形でしか海外とは交流してきませんでしたから。

本来ならば、祖法を守って鎖国を貫き、それでも欧米列強が日本の開国を迫るならば、武力に訴えて撃退すればいいのですが、幕府にはその自信がありません。なにしろ隣の大国・清ですら、アヘン戦争でイギリス一国に敗れているのですから。

内心は開国するしかないか、とは幕府・諸大名の共通した思いでした。しかし、この本音が口にできません。口にすれば、幕藩体制は根底から崩壊してしまいます。

この国難に対して、阿部は数人の老中だけでは決められない、と判断し、広く天下に意見を求めたのです。身分にかかわらず、大名でも商人でも、誰でも意見を文書にして提出することが許されました。

いいたいことは、なんでもいっていいわけです。実に、画期的なやり方でした。

海舟を引き上げたのは阿部の功績。しかし国は混乱した

それまでは権力側の人間、限られた人間――つまり譜代の大名と旗本以外は、国政に関する発言権がありませんでした。ですから、日本全国から広く周知を集めるのは、アイデアとしてはとても良いことだったのです。

ところが、大きな混乱が生じてしまいました。みんなに意見を求めたまではよかったのですが、国を真っ二つにするほどの大論争に発展してしまったのです。

上は朝廷、将軍家から、諸大名、直参《じきさん》や藩士、郷士や庄屋層、はては町人・商人まで、国を開くべきか、外国人を打ち払い、攘夷を決行すべきかで対立しました。流血沙汰も起き、収拾がつかない事態に陥ってしまったのです。

なぜ、このようなことになったのか。阿部は最初の段階で、〝落としどころ〟を決めていなかったからです。

現代の企業にたとえるならば、従来の部署を潰して、新規事業へ進出するかどうかについて、全社員から意見を公募するようなものです。リスクをおかしたくない慎重派と、積極的に事業を始めたい改革派に分かれるのは、火を見るより明らかでした。

その際、リーダーが新規事業へ進出すると決めたら、反対派は「自分たちの意見が聞き入れられなかった」と受け取ります。そのままにすれば、社内で派閥間の溝が深まり、もはや一丸とはなれなくなってしまうでしょう。

ですから、どちらの意見を採用するにせよ、全員の意見を求める場合は、不採用の側の人間へのフォローを含めた処置、＋α《プラスアルファ》で加える部分、余地を残しておいて、まずは〝落としどころ〟を決めておく必要があるのです。

そのうえで、基本方針が決まったら次に何をするのか、といった具体的な方策を事前に用意しておかなければなりません。

阿部も開国やむなし、に世論を誘導し、それを実行するために次期将軍に一橋慶喜を据える、との青写真は持っていたようなのですが、彼は自らに蓄積されたストレスや心労について、まったく配慮が足りませんでした。

そのため阿部は開国へと舵を切り、ペリーと日米和親条約を締結しますが、ストレスを抱えた彼は、日毎の酒量が増していきます。見るに見かねた同僚からは、「酒を少しはお控えめされ」と忠告されましたが、阿部は「なにぶん多忙でたまらん。疲れ切って帰宅するゆえ、酒ぐらいは勘弁してくれ」と答えてしまうのです。

飲酒が過ぎたのか、心労が深すぎたのか、阿部はわずか三十九歳の若さで、この世を去ってしまいました。

彼が広く意見を求めたことにより、勝海舟など有為の人物を引き上げることができたのは、大きな功績でした。結果として、長崎の海軍伝習所の開設にもつながりました。

けれども、リーダーとしての阿部に対しては、いまだにその賛否が根強くあります。みんなの意見を聞いてみること自体は、良策です。けれども、その後にどういう形でみんなを納得させ、着地させるのかについても、もっと迅速に考え、具体的に用意しておく必要がありました。

次の一手をさっさと打たず、意見だけを集めても、場を混乱させてしまうだけです。

リーダーだから設計できる世界があります。こうすれば納得してもらえるのではないか、という腹案を自分で用意しなければなりません。

ノープランで、「私には何のアイデアもないから助けてください」のみでは、無責任の誹《そし》りを免れません。そんないいかげんな上司を、部下も助けたい、とは思わないはずです。

阿部は、人物として高い評価を受けていた一橋慶喜を将軍職に就け、薩摩藩や水戸藩のように、これまで国政に参加できなかった大名も評定（会議）に参加させて、慶喜親政のもとで挙国一致《きょこくいっち》の体制を創り、幕政改革に臨むつもりでいました。

ですが、広げるだけ世論を広げ、鎖国継続と開国に賛否両論ぶつかる状況で、自らが死去してしまったことにより、幕末は攘夷と開国に真っ二つに割れる最悪の状況が生まれてしまいました。


今一つ余談を挟むならば、阿部の死後、その遺志を継いで薩摩藩主・島津斉彬が、三千の武装藩兵を率いて上洛を敢行し、一気に形勢を逆転しようとしたのですが、もし、これが実行されていれば、あるいは阿部の苦労は報われたかもしれません。

しかし、斉彬もここで急死を遂げてしまいます(享年は五十)。


歴史は過去を調べ、現在に置き替えることで、未来が読める世界です。

ですがたった一つ、読み切れないものがあります。人の寿命です。

人の死――これ以上に歴史の進路を狂わせたものは、他にないかと思います。

もし、人の寿命までも計算することのできるリーダーがいたとすれば、その人はまさに神の領域に入った、最高最強の人なのかもしれません。

【著者略歴】

加来耕三（かく・こうぞう）

歴史家・作家。1958年大阪市生まれ。奈良大学文学部史学科卒業後、同大学文学部研究員を経て、現在は大学・企業の講師をつとめながら、独自の史観にもとづく著作活動を行っている。内外情勢調査会講師。中小企業大学校講師。政経懇話会講師。主な著書に『日本史に学ぶ一流の気くばり』『日本史に学ぶ成功者たちの勉強法』『「気」の使い方』『歴史の失敗学』『渋沢栄一と明治の起業家たちに学ぶ危機突破力』など多数。テレビ・ラジオの番組の監修・出演も多い。

日本史《にほんし》に学《まな》ぶ
リーダーが嫌《いや》になった時《とき》に読《よ》む本《ほん》

2021年11月1日　初版発行

発行　**株式会社クロスメディア・パブリッシング**

発行者　小早川 幸一郎

〒151-0051　東京都渋谷区千駄ヶ谷4-20-3 東栄神宮外苑ビル

https://www.cm-publishing.co.jp

■本の内容に関するお問い合わせ先 ………TEL (03)5413-3140 ／FAX (03)5413-3141

発売　**株式会社インプレス**

〒101-0051　東京都千代田区神田神保町一丁目105番地

■乱丁本・落丁本などのお問い合わせ先 …TEL (03)6837-5016 ／ FAX (03)6837-5023

service@impress.co.jp

（受付時間　10:00 ～ 12:00、13:00 ～ 17:00　土日・祝日を除く）

※古書店で購入されたものについてはお取り替えできません

■書店／販売店のご注文窓口

株式会社インプレス　受注センター …………TEL (048)449-8040 ／ FAX (048)449-8041

株式会社インプレス　出版営業部……………………………………………TEL (03)6837-4635

カバーデザイン　金澤浩二

本文デザイン・DTP　鳥越浩太郎

本文構成　佐野裕

印刷・製本　中央精版印刷株式会社

ISBN 978-4-295-40617-4 C2034